MICHAEL

A BÍBLIA EM 100 MINUTOS

SEXTANTE

Título original: *The 100-Minute Bible*

Copyright © 2005 por The 100-Minute Press
Copyright da tradução © 2013 por GMT Editores Ltda.
Publicado inicialmente em 2005 por The 100-Minute Press.
Condensação da Bíblia feita por Michael Hinton.
Todos os direitos reservados. Nenhuma parte deste livro pode ser utilizada ou reproduzida sob quaisquer meios existentes sem autorização por escrito dos editores.

tradução: Alberto Gonçalves

preparo de originais: Patrícia Nunan

revisão: Caroline Mori, Clarissa Peixoto e Hermínia Totti

diagramação: Ilustrarte design e Produção Editorial

capa: Miriam Lerner

imagens de capa: ampulheta: Koya79 / iStockphoto;
dunas: Visual7 / iStockphoto

mapas: Helen Jenkins

impressão e acabamento: RR Donnelley

CIP-BRASIL. CATALOGAÇÃO-NA-FONTE
SINDICATO NACIONAL DOS EDITORES DE LIVROS, RJ

H556b	Hinton, Michael A Bíblia em 100 minutos / Michael Hinton [tradução de Alberto Gonçalves]; Rio de Janeiro: Sextante, 2013. 112 p.; 14x21 cm Tradução de: The 100-Minute Bible ISBN 978-85-7542-913-6 1. Bíblia – Uso 2. Deus 3. Religião 4. Sabedoria. I. Título.
13-1426	CDD: 231 CDU: 2-14

Todos os direitos reservados, no Brasil, por
GMT Editores Ltda.
Rua Voluntários da Pátria, 45 – Gr. 1.404 – Botafogo – 22270-000
Rio de Janeiro – RJ
Tel.: (21) 2538-4100 – Fax: (21) 2286-9244
E-mail: atendimento@esextante.com.br
www.sextante.com.br

SUMÁRIO

	Prefácio	5
1	No princípio	8
2	Abraão	10
3	Jacó e sua família	12
4	Moisés	14
5	A entrega da Lei	16
6	Josué e os Juízes	18
7	Samuel, Saul e Davi	21
8	Davi como rei	23
9	Os Salmos	25
10	Salomão e a divisão de seu reino	27
11	Elias e Eliseu	29
12	A queda do Reino do Norte e Isaías	31
13	Jonas	33
14	Jeremias e a queda do Reino do Sul	35
15	Exílio e retorno	37
16	Os escritos: Jó e Eclesiastes	39
17	Os séculos que antecedem a vinda de Jesus	41
18	As visões de Zacarias e de Maria	43
19	Jesus nasce	45
20	O começo da vida de Jesus	47
21	O batismo e as tentações de Jesus	49
22	Jesus começa seu ministério	51

23	O ministério de Jesus continua	54
24	Jesus escolhe os doze	56
25	O Sermão da Montanha	58
26	Ensino sobre a oração	60
27	Parábolas	62
28	Jesus responde a perguntas	64
29	Milagres de cura	66
30	Ressuscitando os mortos	68
31	Milagres na natureza	70
32	Quem é Jesus?	72
33	A verdadeira natureza de Jesus	74
34	No caminho para Jerusalém	76
35	Chegada a Jerusalém	78
36	Jesus ensina no templo	80
37	Ensino sobre o julgamento	82
38	A última ceia	84
39	O jardim do Getsêmani	86
40	Os julgamentos de Jesus	88
41	A crucificação	90
42	Jesus ressuscita dos mortos	92
43	Outras aparições após a ressurreição	94
44	A ascensão, o Pentecostes e a Igreja primitiva	96
45	A Igreja cristã cresce e se desenvolve	98
46	Mais expansão: as viagens de Paulo	101
47	A Igreja jovem: doutrina	103
48	A Igreja jovem: dificuldades	105
49	A Igreja jovem: vida diária	107
50	Apocalipse	109

PREFÁCIO

Embora a Bíblia seja o livro mais popular do mundo, é também o menos lido. Além de bastante extensa, é sem dúvida muito complexa: seus 66 livros foram escritos ao longo de mais de 16 séculos, por uma grande quantidade de escritores, cada um com um estilo diferente e numa linguagem que remete a uma época antiga. Mesmo assim, é a história suprema do amor, a biografia do próprio Deus.

A Bíblia em 100 minutos reúne os pontos principais desses relatos em uma narrativa acessível, destinada às pessoas que não têm muito conhecimento da fé cristã, mas desejam saber por que a Bíblia é tão popular, e também àquelas que pretendem ter acesso fácil aos elementos centrais da história do cristianismo. É um livro claro, sucinto e de leitura simples. No entanto, preciso fazer uma advertência: não deixe de lê-lo por causa da violência revelada nos primeiros capítulos. Esse era o contexto social da época, ao qual Deus enviou o próprio Filho, para que Ele pudesse nos mostrar uma nova maneira de viver.

Diferentemente do texto bíblico tradicional, porém, cuja maior parte é dedicada aos séculos anteriores a Cristo, este livro se concentra na vida de Jesus e no impacto que ele teve sobre a sociedade. A razão disso é que Jesus Cristo é o personagem principal para a compreensão das Escrituras. É como se ele fosse a grande explosão que aconteceu no centro da história – e a Bíblia, o relato desse impacto.

Para compreender plenamente o cristianismo, é preciso entender o contexto no qual a Bíblia foi escrita, os textos em si e o significado das Escrituras para aqueles que as leram pela primeira vez. E é isso que *A Bíblia em 100 minutos* nos oferece de forma tão simples e prática.

Bispo John Pritchard
Oxford, Inglaterra

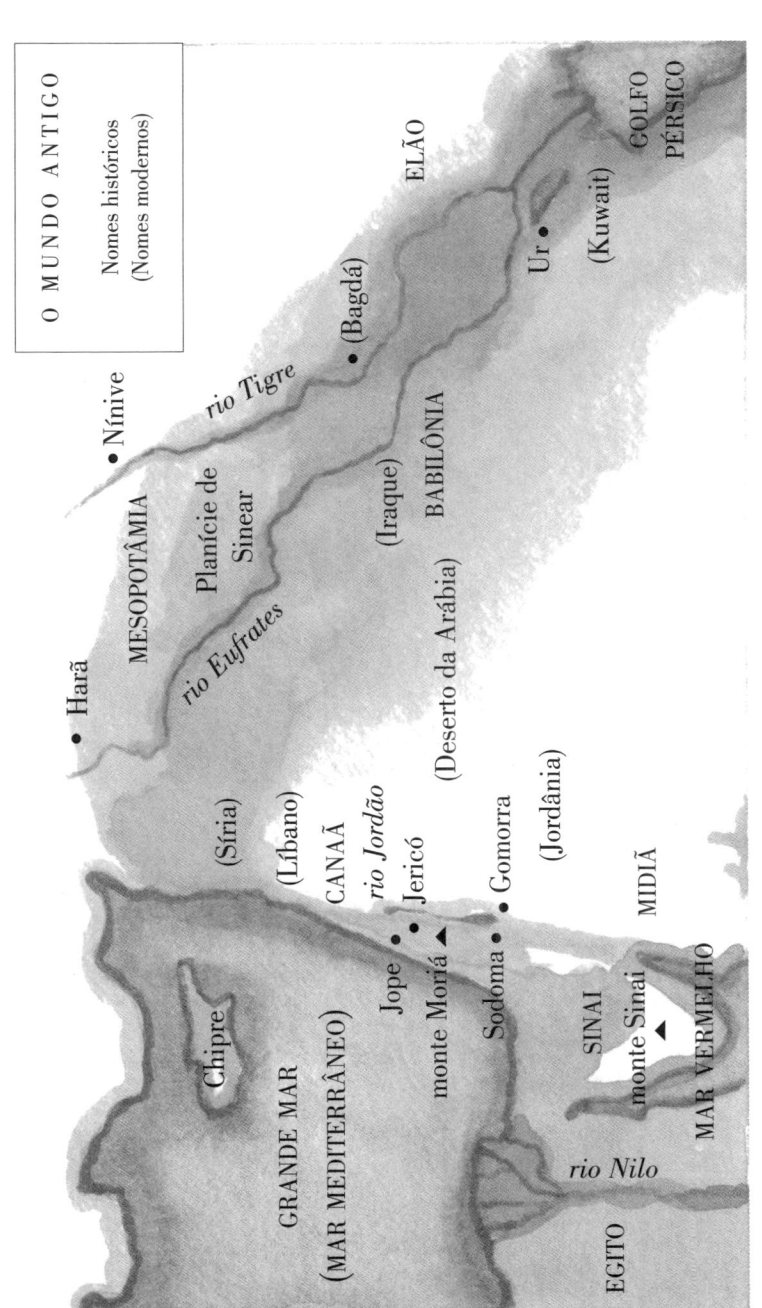

1
NO PRINCÍPIO

No início, Deus criou o céu e a terra em seis dias. Primeiro, Ele criou a luz e a separou das trevas. Depois, fez a abóbada celeste, apartando a água acima e embaixo dela. Então, fez a terra seca e tudo o que nela cresce. No quarto dia, Deus criou o Sol, a Lua e as estrelas; no quinto, as criaturas do mar e as do céu, e, no sexto, os seres da terra, inclusive a humanidade. No sétimo dia, descansou.

Deus fez o primeiro homem, Adão, do pó da terra, e soprou vida nele. Colocou-o no bonito e fértil jardim do Éden, proibindo-o de comer da árvore do conhecimento do bem e do mal que ali crescia. Por não querer que o homem ficasse só, Deus criou a primeira mulher da costela de Adão e a chamou de Eva. Cedendo à tentação da serpente, a mais astuta das criaturas, Eva provou parte do fruto da árvore proibida e deu um pedaço ao companheiro. Como punição, Deus expulsou os dois do jardim, condenou o homem ao trabalho árduo e a mulher à dor do parto e à submissão ao marido.

Adão e Eva tiveram dois filhos: Caim, que era agricultor, e Abel, pastor de ovelhas. Caim ofereceu a Deus o fruto da terra; Abel ofereceu-Lhe as partes gordas das primeiras crias do seu rebanho. Deus preferiu a oferta de Abel à de Caim, que então ficou irado e assassinou o irmão. Como punição, Deus sentenciou Caim a tornar-se para sempre um fugitivo errante.

Adão e Eva tiveram mais filhos. E assim a raça humana se espalhou e se multiplicou.

Nas gerações seguintes, como a humanidade se tornou cada vez mais perversa, Deus decidiu que seria necessário um novo começo. Então escolheu Noé, o único homem íntegro da época, e lhe ordenou que construísse uma arca grande o bastante para abrigar sua família e um par de cada espécie das criaturas vivas. Depois, Deus enviou o dilúvio, com o qual destruiu todos os demais seres viventes. Quando as águas baixaram, o Senhor criou o arco-íris como um sinal de que jamais destruiria sua criação outra vez.

Depois que o mundo foi repovoado, houve um tempo em que todos falavam a mesma língua. Os povos migraram para a planície fértil de Sinear, entre os rios Tigre e Eufrates. Lá, decidiram construir uma cidade chamada Babel e uma torre que chegaria ao céu. Para impedi-los, Deus confundiu a língua que falavam, a fim de que não entendessem mais uns aos outros, e dispersou-os por toda a terra.

Gênesis 1-11

2

ABRAÃO

Após muitas gerações, um homem chamado Abrão vivia em Ur dos Caldeus. Sua família se mudou para Harã. Depois, sob o comando de Deus, ele viajou para o sul e levou uma vida nômade, até que, conforme combinado com seu parente Ló, fixou residência no lado oeste do rio Jordão. Ló se instalou no vale do Jordão, na cidade de Sodoma. O fogo do céu caiu sobre Sodoma e também sobre Gomorra, uma cidade próxima, como punição pela perversidade que existia nelas. Mas Deus interveio, a fim de que Ló fosse poupado.

No momento oportuno, Deus fez uma aliança – um acordo com obrigações e benefícios – com Abrão, prometendo-lhe um filho, descendentes numerosos como as estrelas do céu e a posse de toda a terra de Canaã. Como sinal da aliança, Ele lhe deu um novo nome: Abraão, que significa "pai de uma multidão". Então Abraão e todos os homens de sua família foram circuncidados e ele passou a ser um homem rico, com grandes rebanhos, prata e ouro. Porém, ele e a esposa não tinham filhos.

Em idade bastante avançada e por providência divina, Abraão e sua esposa, Sara, conceberam um filho, Isaque. Quando Isaque ainda era uma criança, Deus submeteu a fé e a obediência de Abraão a uma prova suprema. Ele o mandou sacrificar o filho em um lugar sagrado no monte Moriá. Abraão chegou a amarrar o menino e a colocá-lo sobre o altar. Ao empunhar a faca para matá-lo, Deus o chamou do céu e ordenou que substituísse o filho por um carneiro. Abraão alegremente obedeceu e deu àquele lugar o nome de "O Senhor proverá".

Abraão enviou um de seus servos de volta a Harã, a fim de procurar entre seus parentes uma esposa para Isaque. Junto a um poço, o servo encontrou Rebeca, filha de um sobrinho de Abraão. Surpreso com a graça e a beleza da jovem e com a hospitalidade que sua família lhe ofereceu, o servo perguntou se Rebeca poderia ser dada em casamento a Isaque. Ela e seus parentes do sexo masculino consentiram. Então ela viajou para o sul e a união foi realizada. A princípio, Rebeca não teve filhos. Porém, depois da morte de Abraão, ela concebeu gêmeos: Esaú, o primeiro a nascer, e Jacó.

Gênesis 11:27-25:26

3

JACÓ E SUA FAMÍLIA

Já idoso e próximo da morte, Isaque pediu que Esaú fosse caçar, de modo que ele pudesse desfrutar a carne como refeição, antes de abençoá-lo como seu filho mais velho. Rebeca, no entanto, vestiu Jacó igual a Esaú e enganou o marido para que ele abençoasse Jacó no lugar do irmão. Uma vez dada a bênção, ela não poderia ser retirada. Esaú ficou furioso com o irmão por roubar-lhe o que era dele, que tinha nascido antes. Assim, seguindo o conselho dos pais, Jacó fugiu para Harã. No caminho para o norte, teve um sonho em que viu uma escada apoiada na terra, cujo topo alcançava os céus, e anjos subiam e desciam por ela. Deus se revelou a Jacó e renovou as promessas que fizera a Abraão.

Em Harã, Jacó se encontrou com Raquel, filha de Labão, seu tio, e se apaixonou por ela. Jacó trabalhou para o tio durante sete anos com base em uma promessa de que poderia se casar com a moça após esse período. Mas Labão conseguiu fazer com que o sobrinho se casasse primeiramente com Lia, a irmã mais velha de Raquel. Jacó, então, precisou trabalhar mais sete anos para poder se casar também com Raquel. Depois, ele deu o troco e enganou Labão, partindo dali de volta à sua região levando muitos de seus animais. Ao se encontrar com Esaú, Jacó lhe deu muitos presentes e os dois irmãos se reconciliaram.

Certo dia, Deus apareceu a Jacó e lhe deu um novo nome, Israel, revelando que ele seria o pai de uma nação que habitaria as terras prometidas a Abraão e a Isaque. Israel teve doze filhos com suas esposas e concubinas, que se tornaram os ancestrais das doze tribos do povo escolhido. Seus nomes eram Rúben, Simeão, Levi, Judá, Issacar, Zebulom, Dã, Naftali, Gade, Aser, José e Benjamim. Os favoritos de Israel eram José e Benjamim, os filhos que ele tivera com Raquel, que morreu enquanto dava à luz Benjamim, o mais jovem.

A preferência de Israel por José deixou irados os dez irmãos mais velhos. Eles tramaram que José fosse vendido como escravo e seu pai pensasse que ele havia morrido. José foi levado para o Egito, onde teve uma vida tumultuada, até que Deus o capacitou a interpretar os sonhos do faraó e lhe garantiu o favor real. Ele se tornou a segunda pessoa mais importante do Egito e comandou essa nação com sucesso durante a fome prolongada que a afligiu. Nesse período de escassez, os irmãos de José foram para o Egito, a fim de comprar alimento. José pregou várias peças neles antes de lhes revelar quem era. Depois, obteve a permissão do faraó para que toda a sua família se mudasse para o Egito. Ali, os descendentes de Israel prosperaram e se multiplicaram.

Gênesis 27-50

4
MOISÉS

Após a morte de José, os egípcios começaram a se preocupar com o número cada vez maior de israelitas em suas terras. Como consequência, um novo faraó os escravizou e ordenou que todos os meninos israelitas recém-nascidos fossem mortos. Para escapar desse decreto real, certa mãe israelita escondeu o filho em um cesto feito de junco e o colocou à margem do rio Nilo. O menino foi encontrado e resgatado pela filha do faraó. Ela o criou como filho adotivo e lhe deu o nome de Moisés.

Certo dia, Moisés, já crescido, deparou com um egípcio maltratando um israelita. Ele matou o egípcio e por isso teve de fugir para a terra de Midiã. Lá, Deus apareceu a Moisés em uma sarça em chamas e lhe disse que sua missão era liderar seu povo para fora do Egito e de volta à terra prometida a Abraão e a seus descendentes.

A princípio, Moisés ficou relutante. Porém, finalmente, ele e seu irmão Arão foram pedir ao faraó que deixasse os israelitas partir. A primeira reação do soberano foi tratar o povo israelita de modo ainda mais severo. Por isso, Deus enviou uma série de pragas ao Egito, que culminou em uma que levava à morte o filho primogênito de cada família. Orientados por Deus, os israelitas marcaram as vigas das portas de suas casas com sangue de cordeiro ou cabrito, alertando, assim, o anjo da morte para que não entrasse nelas, poupando-os da malfadada sina. Essa libertação deu origem à festa judaica da Páscoa.

Por fim, o faraó deu aos israelitas permissão para que partissem. Eles mal tinham deixado o Egito quando o soberano mudou de opinião e enviou seu exército no encalço deles. Guiados por uma coluna de nuvem de dia e por uma coluna de fogo à noite, os fugitivos chegaram ao mar Vermelho. Novamente orientado por Deus, Moisés levantou sua vara e estendeu a mão sobre o mar. As águas se dividiram e o povo atravessou com segurança. Porém, quando o exército do faraó tentou segui-los, as águas caíram sobre os egípcios, afogando-os.

Moisés guiou os israelitas pelo deserto do Egito à terra prometida. O povo, ao sentir fome e sede, muitas vezes reclamou amargurado. Deus o alimentou com o que os israelitas chamaram de maná. Em certa ocasião, Moisés providenciou água ao bater com sua vara em uma rocha. Depois de derrotarem os amalequitas, uma tribo nômade que estava em seu caminho, os israelitas chegaram ao monte Sinai e lá montaram acampamento.

Êxodo 1:1-19:2

5
A ENTREGA DA LEI

Enquanto os israelitas estavam acampados junto ao monte Sinai, Deus se manifestou na forma de chamas de fogo e deu a Moisés a Lei segundo a qual eles deveriam viver. As exigências morais e espirituais de Deus foram resumidas nos Dez Mandamentos: o povo não deveria ter outro Deus; não deveria confeccionar nem adorar imagens; não deveria tomar em vão o nome do Senhor; deveria se lembrar do dia do sábado, para santificá-lo; deveria honrar seus pais; estava proibido de matar, de cometer adultério, de furtar, de dar falso testemunho e de cobiçar os bens alheios. Outras leis mais específicas regiam a dieta, o vestuário, as relações pessoais, a adoração e cada aspecto da vida diária do povo escolhido.

Deus fez uma aliança com os israelitas: Ele cuidaria deles, e eles obedeceriam a Seus mandamentos. Essa aliança foi selada com o sangue do sacrifício de um animal, derramado sobre um altar e aspergido sobre o povo. Então, os líderes do povo acompanharam Moisés em parte do caminho na subida do monte e festejaram perante Deus. Moisés subiu sozinho até o topo e lá permaneceu por quarenta dias.

Enquanto Moisés estava em comunhão com Deus, os israelitas ficaram inquietos e pediram a Arão que fizesse deuses para eles. Em resposta, Arão tomou os brincos de ouro das mulheres, dos filhos e das filhas dos israelitas, derreteu-os e os transformou na imagem de um bezerro. Deus contou a Moisés essa desobediência e Moisés pediu ao Senhor que não descarregasse sua fúria sobre o povo. No entanto, quando Moisés desceu da montanha, levando os mandamentos de Deus inscritos em duas tábuas de pedra e viu o povo, que dançava perante o bezerro, ficou irado: quebrou as tábuas, reduziu o bezerro a pó e usou os homens da tribo de Levi para matar muitos daqueles que haviam sido desobedientes.

Moisés subiu mais uma vez o monte com duas novas tábuas de pedra. Lá, teve outra visão de Deus e recebeu de novo os mandamentos. Quando desceu, sua face brilhava com tanto esplendor que, a partir de então, ele colocava um véu para falar ao povo.

Conforme a orientação de Moisés, os israelitas criaram o tabernáculo, o local de adoração, dentro do qual encontrava-se o Lugar Santíssimo, um espaço sagrado que continha a Arca da Aliança e uma mesa feita com madeira de acácia. Quando o tabernáculo ficou pronto, a glória do Senhor desceu sobre ele na forma de nuvem de dia e de fogo à noite. Somente quando a nuvem se erguia, os israelitas prosseguiam sua viagem.

Êxodo 19-40

6
JOSUÉ E OS JUÍZES

Moisés liderou os israelitas por quarenta anos. Finalmente, eles chegaram à terra a leste do rio Jordão, onde Moisés morreu e Josué o sucedeu. Deus deteve as águas do rio para que os israelitas pudessem cruzá-lo e tomar posse da cidade de Jericó. Durante seis dias, o exército israelita marchou ao redor da cidade. No sétimo dia, marchou sete vezes ao seu redor. Quando as trombetas soaram e os soldados gritaram, seus muros caíram. Os israelitas marcharam para dentro da cidade e aniquilaram os habitantes a fio de espada.

Nos anos subsequentes, Josué conquistou boa parte da terra prometida. Matando e escravizando muitos habitantes, ele acomodou onze das doze tribos em sua própria terra. Os levitas, a tribo de sacerdotes, viviam nas cidades a eles designadas.

Depois da morte de Josué, por vários anos os israelitas não tiveram um líder único. Individualmente, as tribos conduziram campanhas para expandir seus territórios e foram muitas vezes seduzidas a adorar os deuses cultuados pelos povos entre os quais viviam. Deus as puniu por meio de derrotas em batalhas. Quando se arrependiam, Deus levantava juízes (líderes militares e políticos) que as libertavam de seus inimigos. Esse ciclo de eventos se repetiu por um longo período.

Um juiz notável recebeu o nome de Gideão. Ele organizou um grande exército contra uma invasão de tribos hostis e, depois, dispensou a maioria de seus seguidores. Muniu trezentos homens de jarros de argila, tochas e trombetas e atacou o campo inimigo à noite. Seus soldados cercaram o acampamento, despedaçaram os jarros que continham tochas acesas, tocaram suas trombetas e gritaram: "À espada, pelo Senhor e por Gideão." Apavorados, os inimigos se voltaram uns contra os outros com suas espadas e foram massacrados enquanto fugiam.

Outro juiz, chamado Sansão, que, sob o voto de nazireu, era proibido de cortar o cabelo, foi um homem de imensa força. Certa vez, matou um leão à unha. Esteve em constante conflito com os filisteus, que viviam a oeste dos israelitas. Foi capturado por causa da traição de Dalila, uma mulher por quem se apaixonou: ela cortou seu cabelo e, por conseguinte, sua força o deixou. Os filisteus cegaram e escravizaram Sansão. Porém, à medida que seu cabelo voltava a crescer, sua força retornava. Durante um festejo, foi levado ao templo do deus Dagom, para que os filisteus pudessem zombar dele. Sansão colocou os braços ao redor das colunas centrais do templo e as derrubou. O prédio desabou. Sansão foi morto e, com ele, uma multidão de filisteus.

Deuteronômio 34; Josué; Juízes

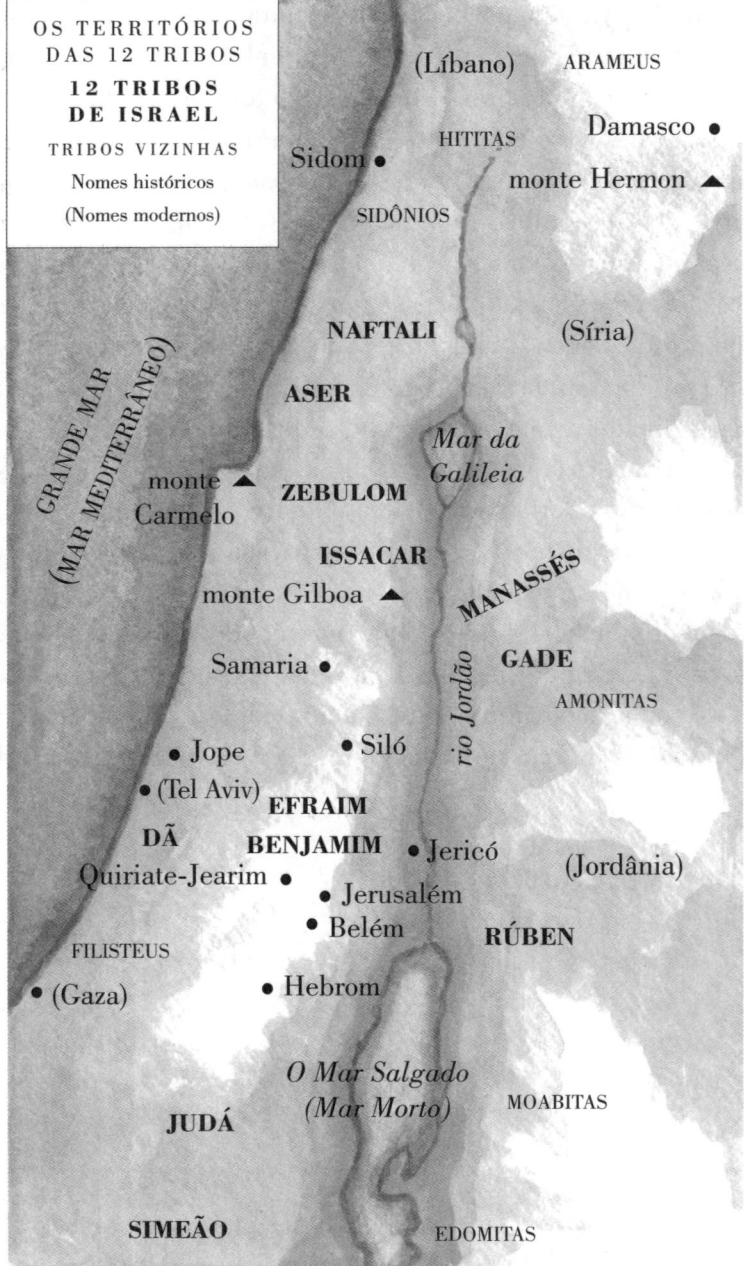

7
SAMUEL, SAUL
E DAVI

Durante o tempo dos juízes, Ana, uma mulher estéril, foi orar em um lugar sagrado chamado Siló, presidido pelo sacerdote Eli. Prometeu que, se lhe fosse concedido um filho, ela o dedicaria a Deus. Logo depois, engravidou, e à criança concebida deu o nome de Samuel. Quando o menino estava em idade de ser desmamado, Ana o entregou para servir a Deus no lugar sagrado.

Certa noite, Deus chamou Samuel. A princípio, o menino pensou que fosse Eli que o estivesse chamando. O sacerdote percebeu o que estava acontecendo e disse a Samuel que, quando o chamado soasse outra vez, ele dissesse: "Fala, Senhor, pois o teu servo está ouvindo." Samuel falou como lhe foi ordenado que fizesse e recebeu a mensagem de que os filhos de Eli não eram dignos do ofício sacerdotal.

Quando adulto, Samuel se tornou juiz de todo o Israel. Convocou seu povo de volta à adoração a Deus e conduziu os israelitas à vitória na batalha contra os filisteus. No entanto os filhos de Samuel, como acontecera aos de Eli, também se mostraram indignos de suceder-lhe e a agitação por um rei cresceu. Samuel advertiu os israelitas de que um rei se aproveitaria deles: iria enfraquecê-los com relação à sua dependência de Deus. Porém, como eles insistiram em sua exigência, Samuel selecionou um jovem chamado Saul, da tribo de Benjamim, e o ungiu rei.

Saul se mostrou um líder militar, como o foi seu filho Jônatas. No entanto, ambos tiveram dificuldades para se sustentar na batalha contra os filisteus. Por desobedecer aos comandos de Deus, Saul enfureceu Samuel, que procurou outro rei: secretamente, ungiu Davi, o filho mais jovem de Jessé, da tribo de Judá, que vivia em Belém.

Com frequência Saul era atacado por um espírito maligno. Davi, por ser um músico talentoso, foi convocado à corte para tocar para ele e resgatá-lo da raiva e da melancolia. Davi ficou muito famoso quando venceu o gigante Golias, um herói filisteu, ao matá-lo com uma pedra lançada com uma atiradeira. Ele então se tornou um líder militar de sucesso e um grande amigo de Jônatas, além de receber a mão da filha de Saul em casamento.

Saul, no entanto, ficou com inveja de Davi e tentou matá-lo. Com a ajuda de Jônatas, Davi escapou, tornando-se um foragido da lei. Em constante fuga, por um tempo Davi serviu aos filisteus. Não esteve com eles, no entanto, na Batalha de Gilboa, quando os israelitas foram derrotados e Saul e Jônatas morreram. Essas mortes abriram caminho para que Davi reivindicasse o trono.

1 Samuel

8

DAVI COMO REI

Davi reivindicou a coroa de Saul com o apoio das tribos do Sul – Judá e Benjamim. Mas só foi reconhecido como rei pelas tribos do Norte depois que derrotou os herdeiros de Saul. Passados alguns anos, Davi tomou a cidade de Jerusalém e fez dela a capital do reino. Ele sabia que Deus o tinha confirmado como rei e o tornado poderoso para que pudesse governar toda a comunidade israelita. A fim de fazer de Jerusalém o centro da adoração religiosa e de garantir a lealdade das tribos do Norte, Davi levou a arca da aliança para Jerusalém, tirando-a de seu lugar de descanso anterior, em Baalá. Por intermédio do profeta Natã, Deus disse a Davi que ele deveria deixar que seu sucessor construísse o templo que abrigaria a arca.

Em uma série de guerras, Davi derrotou os povos vizinhos e expandiu as fronteiras de seu reino do Egito até o rio Eufrates. Mostrou ser um estadista e um administrador, bem como um líder militar, e ficou famoso por sua habilidade como poeta e músico. No entanto, apesar de sua profunda fé em Deus, Davi trouxe desgraça para si próprio ao apaixonar-se por Bate-Seba, uma mulher casada, e ao planejar a morte de Urias, marido dela, em uma batalha. Davi foi repreendido severamente por Natã por tomar Bate-Seba para si. O primeiro filho dos dois morreu; o segundo foi Salomão.

Davi teve vários filhos de outros casamentos. Seu herdeiro imediato, Amnom, foi morto pelo meio-irmão, Absalão, por ter violentado a irmã dele. Após um período de desgraça, porém, Absalão foi recebido de volta pelo rei. Isso, no entanto, não o impediu de planejar uma rebelião contra o pai – rebelião que, apoiada pelas tribos do Norte, foi de início bem-sucedida. Davi foi forçado a fugir de Jerusalém. Absalão, por sua vez, administrou mal a situação e foi derrotado em uma batalha travada logo em seguida. Contra as instruções de Davi, que sofreu grande angústia, Joabe, o comandante do exército real, matou Absalão.

Durante o último período de seu reinado de quarenta anos, Davi se consolidou no trono. Já em idade bastante avançada, ficou fraco. Seu filho mais velho vivo, Adonias, conspirou com Joabe com a intenção de reivindicar o trono. No entanto, Bate-Seba, que obtivera de Davi a promessa de que Salomão se tornaria o próximo rei, persuadiu o marido, com o apoio de Natã e de outros dignitários poderosos, a publicamente proclamar Salomão seu sucessor. Depois de ascender ao trono, Salomão mandou matar todos os principais inimigos que tramavam contra ele.

2 Samuel; 1 Reis 1-2

9
OS SALMOS

Os Salmos são uma coletânea de hinos do povo judaico. Por causa de sua reputação como compositor, Davi foi assinalado como autor de muitos deles. Mas esses poemas foram compostos por vários escritores ao longo de muitos anos. Eram utilizados principalmente na adoração pública a Deus, em especial nas grandes festividades de Jerusalém. Às vezes, eram cantados com uma melodia secular, com acompanhamento instrumental, pelo povo ou por um coro dos levitas (os servos do templo). Em alguns momentos, o povo respondia "Aleluia!" (louvem a Deus!) ou "Amém!" (que assim seja!).

O *Salmo 150* é um retrato vívido de Israel em adoração:

> Louvem a Deus no seu santuário,
> louvem-no em seu magnífico firmamento.
> Louvem-no pelos seus feitos poderosos,
> louvem-no segundo a imensidão de sua grandeza!
> Louvem-no ao som da trombeta,
> louvem-no com a lira e a harpa,
> louvem-no com tamborins e danças,
> louvem-no com instrumentos de cordas e com flautas,
> louvem-no com címbalos sonoros,
> louvem-no com címbalos ressonantes.
> Tudo o que tem vida louve o Senhor!
> Aleluia!

Os Salmos eram de vários tipos: hinos de louvor, de lamento, de ação de graças ou de meditação. Diversos deles foram escritos para ocasiões reais, como uma coroação ou um casamento. Alguns eram cantados nos sacrifícios diários de animais no templo, outros, por peregrinos a caminho de Jerusalém ou retornando dela. Também havia hinos para a festa da Páscoa e inúmeros expressavam ira e ódio. No conjunto, eles representam toda a extensão da espiritualidade judaica.

O *Salmo 23* é uma expressão da comunhão com Deus:

O Senhor é o meu pastor; de nada terei falta.
Em verdes pastagens me faz repousar e me conduz a águas tranquilas;
restaura-me o vigor.
Guia-me nas veredas da justiça por amor do seu nome.
Mesmo quando eu andar por um vale de trevas e morte,
não temerei perigo algum, pois tu estás comigo;
a tua vara e o teu cajado me protegem.
Preparas um banquete para mim à vista dos meus inimigos.
Tu me honras, ungindo a minha cabeça com óleo e fazendo transbordar o meu cálice.
Sei que a bondade e a fidelidade me acompanharão todos os dias da minha vida,
e voltarei à casa do Senhor enquanto eu viver.

Salmos

10
SALOMÃO E A DIVISÃO DE SEU REINO

No início de seu reinado, Salomão teve um sonho em que Deus apareceu e lhe ofereceu tudo o que ele quisesse. Como escolheu sabedoria, Deus se agradou dele e lhe prometeu também riqueza e glória.

Salomão ficou realmente famoso por sua sabedoria, pelos provérbios e cânticos que compôs e por seu conhecimento do mundo natural. Foi ainda um sensato administrador da justiça. Em certa ocasião, duas mulheres foram até ele, ambas afirmando ser a mãe do mesmo bebê. Salomão ordenou que lhe trouxessem uma espada e propôs-se a dividir o garoto em dois, dando metade dele a cada requerente. Uma das mulheres concordou. A outra, porém, disse que preferiria que a rival ficasse com a criança viva. Esta, decidiu o rei, era a mãe verdadeira.

Salomão construiu para si um magnífico palácio em Jerusalém. Também ergueu e mobiliou com extravagância o templo que, além de guardar a arca da aliança, tornou-se o centro da adoração e da prática de sacrifícios da religião israelita. Quando a rainha de Sabá o visitou, ficou deslumbrada com o que viu na corte. Esse esplendor, no entanto, veio com um preço: para arcar com o imenso custo de seu governo, Salomão infligiu a seu povo trabalho forçado e pesados impostos, além de negociar parte do território que Davi havia conquistado. Também não foi fiel à religião israelita. Influenciado por muitas esposas e concubinas estrangeiras, construiu altares para outros deuses que não o Deus de Israel, chegando até mesmo a adorá-los.

Salomão teve de lidar com a oposição, que tanto vinha de fora como crescia internamente, no próprio reino. Nos últimos anos de seu reinado, foi atormentado por governantes de países vizinhos e precisou suprimir uma tentativa de rebelião coordenada por Jeroboão, um dos membros de sua corte.

Quando morreu, foi sucedido por seu filho, Roboão. Jeroboão retornou do exílio para confrontá-lo. Como as tribos do Norte tinham sido tratadas de forma severa por Salomão, o povo buscava em seu filho a promessa de que os jugos pesados diminuiriam. Roboão, no entanto, respondeu: "Meu dedo mínimo é mais grosso do que a cintura do meu pai. Pois bem, meu pai lhes impôs um jugo pesado; eu o tornarei ainda mais pesado." Em seguida, as tribos do Norte se rebelaram e escolheram Jeroboão como seu rei. Roboão ficou apenas com o território de Judá, ao Sul. Houve guerra constante entre os dois reinados e, em ambos, deuses pagãos eram amplamente adorados.

1 Reis 3-14

11
ELIAS E ELISEU

A partir do reinado de Jeroboão, o Reino do Norte – também conhecido como Israel ou Efraim – teve uma história de repressão e sanguinolência. As disputas pela sucessão ao trono resultaram, muitas vezes, em massacres em grande escala, que incluíam as famílias dos combatentes derrotados.

O rei Acabe – cujo pai, Onri, havia lutado para chegar ao poder – tornou-se o sucessor no trono de Israel por volta do ano 869 a.C. Elias, o profeta, condenou-o porque, influenciado pela esposa Jezabel, o rei adorou Baal, deus dos cananeus. Depois de profetizar que o verdadeiro Deus puniria Acabe com uma seca, Elias buscou refúgio perto de um riacho e foi alimentado por corvos. Quando o riacho secou, o profeta recebeu os cuidados de uma viúva. Como retribuição de sua hospitalidade, ele reabasteceu de forma milagrosa o escasso suprimento de farinha e azeite daquela mulher e lhe trouxe seu filho de volta à vida depois que ele parara de respirar.

Elias desafiou os profetas de Baal a se encontrar com ele no monte Carmelo, para ver quem poderia acabar com a seca. Os profetas tentaram trazer chuva dançando, mutilando-se e oferecendo sacrifícios a seu deus Baal, mas fracassaram. Elias clamou ao Senhor por fogo do céu para consumir um sacrifício, no que foi bem-sucedido, e, depois, orou pedindo chuva, que de imediato sobreveio. Porém, uma vez que havia incitado o povo a matar os profetas de Baal, foi obrigado a fugir.

Ao chegar ao monte Horebe, Elias teve uma experiência diferente com Deus, que não se manifestou no vento, no terremoto nem no fogo que se abateram sobre a montanha, mas em uma voz quase inaudível, o murmúrio de uma brisa suave. Deus lhe disse que nomeasse Eliseu para seu sucessor.

Algum tempo depois, Acabe tentou adquirir a vinha de um homem chamado Nabote. Como ele se recusou a vendê-la, seguindo o conselho de Jezabel, Acabe providenciou para que Nabote fosse acusado injustamente e por isso apedrejado até a morte. Acabe confiscou a vinha e foi condenado de maneira severa por Elias por sua perversidade. Como consequência, o rei foi morto em batalha e sucedido por seus filhos Acazias e Jeorão.

Durante o reinado de Acazias, Elias foi levado aos céus em uma carruagem de fogo. Eliseu se mostrou um sucessor digno e realizou inúmeros milagres. O mais espetacular de todos foi a cura de Naamã, comandante do exército do rei da Síria. Eliseu se recusou a falar pessoalmente com Naamã, mas enviou uma mensagem que lhe dava instruções para que mergulhasse sete vezes no rio Jordão. Naamã ficou indignado com esse tratamento desdenhoso, mas acabou concordando em fazer o que lhe havia sido recomendado, de modo que a lepra o deixou.

1 Reis 15; 2 Reis 5

12

A QUEDA DO REINO DO NORTE E ISAÍAS

Eliseu se vingou da família de Acabe providenciando para que Jeú, um dos generais de Jorão, fosse ungido rei. Depois de ser ungido, Jeú se dirigiu furiosamente à cidade de Jezreel e matou Jorão. Jezabel foi atirada da janela e teve o corpo devorado por cães. Todos os descendentes de Acabe e os principais adoradores de Baal foram mortos. Embora a adoração a Baal tenha sido aniquilada, outras formas de idolatria continuaram.

Jeú e seus descendentes governaram o Reino do Norte por muitos anos, mas chegou o dia em que sua dinastia também foi derrotada. Esse reino teve uma história inconstante: certas vezes, prosperava; em outras, era derrotado por povos vizinhos. Durante um período de relativa prosperidade, o profeta Amós criticou ferozmente a exploração dos pobres pelos ricos e o profeta Oseias atacou a infidelidade de Israel a seu amoroso Deus. Ambos os profetas ensinaram que Deus valoriza a compaixão e a justiça social acima dos rituais religiosos.

No século oitavo a.C., a Assíria se tornou o poder predominante na região. Durante certo tempo, ao defender políticas favoráveis à Assíria, o Reino do Norte sobreviveu. Mas, posteriormente, em 721 a.C., uma tentativa de livrar-se do jugo da Assíria resultou no cerco da capital Samaria e em sua invasão. Muitos israelitas foram deportados e o Reino do Norte deixou de existir.

Enquanto isso, Judá, o Reino do Sul, teve uma história menos turbulenta: foi governado por descendentes de Davi durante a maior parte do tempo, e eles muitas vezes trabalharam com o apoio dos sacerdotes do templo e tentaram, embora sem pleno sucesso, abolir a adoração pagã.

Assim como o Reino do Norte, Judá foi forçado a pagar impostos à Assíria. Então uma aliança desafiadora com o Egito provocou a invasão e o cerco de Jerusalém pelos assírios. A monarquia israelita sobreviveu. O profeta Isaías, que viveu nesse tempo, atacou os vícios dos ricos e dos poderosos e defendeu uma política de neutralidade, em vez de alianças hostis organizadas por Judá contra a Assíria. Ele profetizou a vinda do Messias, um descendente de Davi que governaria com justiça e misericórdia em um Israel restaurado.

O rei Josias, que reinou na primeira parte do século sétimo a.C., reformou a prática religiosa. O conteúdo de um pergaminho descoberto no templo em Jerusalém forneceu a base para um retorno à pureza da adoração e do comportamento israelita. Lugares religiosos dedicados a outros deuses foram destruídos e a importância do templo, realçada. No entanto, Josias foi derrotado e morto quando tentava impedir uma invasão egípcia. Logo, suas reformas tiveram vida curta.

2 Reis 8-23:30; Amós; Oseias; Isaías 1-39

13
JONAS

A história de Jonas se passa no tempo em que o império assírio estava no auge. Deus mandou que o profeta fosse a Nínive, a capital da Assíria, para condenar o povo por sua perversidade. Para escapar desse comando e colocar-se (como esperava) fora do alcance de Deus, Jonas embarcou em um navio que ia de Jope para Társis.

Durante a viagem, porém, Deus enviou uma grande tempestade. Os marinheiros oraram a seus deuses e, para tornar o navio mais leve, atiraram as cargas ao mar. Ainda temendo por sua segurança, jogaram a sorte para descobrir quem era o responsável pela desgraça que se abatia sobre eles. O acaso apontou Jonas, que, ao confessar que tentava escapar do Deus verdadeiro, o Criador dos céus e da terra, sugeriu à tripulação que o lançasse ao mar. Depois de despenderem, em vão, muito esforço para aportar, os tripulantes atenderam ao pedido do profeta. Imediatamente, a tempestade se aplacou. Ele foi engolido por um grande peixe, dentro do qual passou três dias antes de ser vomitado na praia.

Jonas percebeu a tolice que tinha cometido ao desobedecer à palavra do Senhor e por isso acatou seu segundo comando. Foi para Nínive e profetizou a destruição da cidade. O rei e o povo aceitaram a mensagem: arrependeram-se, jejuaram e vestiram todos os habitantes e os animais de pano de saco. Consequentemente, Deus conteve seu juízo. Jonas ficou muito furioso porque não houve destruição. Ele repreendeu Deus por sua compaixão e generosidade, saiu da cidade e construiu para si um abrigo à sombra de um arbusto que Deus havia providenciado. Ali, Jonas ficou de mau humor.

No dia seguinte, Deus atacou a planta, que secou. Exposto ao forte calor do Sol e a um vento muito quente, Jonas ficou tão abatido, que desejou morrer. Deus lhe perguntou se ele estava zangado porque a planta tinha murchado. Jonas respondeu que estava furioso. Deus lhe disse: "Você tem pena dessa planta... Ela nasceu em uma noite e em uma noite morreu. Contudo, Nínive tem mais de cento e vinte mil pessoas que não sabem nem distinguir a mão direita da esquerda, além de muitos rebanhos. Não deveria eu ter pena dessa grande cidade?"

Jonas

14
JEREMIAS E A QUEDA DO REINO DO SUL

A derrota do rei Josias pelas mãos do faraó Neco resultou na imposição de uma monarquia de "fantoche" no Reino do Sul (Judá) e no pagamento de tributos. O Egito, no entanto, era incapaz de proteger Judá do império babilônico, que se tornou cada vez mais poderoso e sobrepujou a Assíria como nação dominante na região.

Judá se tornou um estado-satélite da Babilônia. Após uma revolta, os babilônios sitiaram Jerusalém, invadiram-na em 597 a.C. e levaram cativos para sua terra o rei Jeoaquim e um grande número de líderes judeus.

Poucos anos mais tarde, o rei "marionete" Zedequias, a quem os babilônios tinham empossado, também se revoltou. Após o segundo sítio, Jerusalém foi novamente tomada, seus muros e o templo foram destruídos e mais gente da população foi deportada.

A terceira revolta, que resultou no assassinato do governador babilônio de Judá, também fracassou e os líderes da insurreição fugiram para o Egito, levando com eles a maior figura religiosa da época: o profeta Jeremias.

Embora de família sacerdotal, em seu ensino Jeremias atacou ferozmente a presunção de que a segurança de Jerusalém estaria garantida por seu templo. Ele também criticou o rei e as injustiças sociais que ele permitia e perpetrava. Com relação à política externa, Jeremias defendeu a neutralidade de Judá diante da disputa entre o Egito e a Babilônia e, mais tarde, sua submissão à Babilônia como o modo de ação menos prejudicial. Em uma carta aos judeus exilados na Babilônia, o religioso os encoraja a buscar a paz para eles próprios e também para a cidade em que agora viviam.

Jeremias tinha uma percepção profunda da realidade e um relacionamento pessoal, embora agonizante, com Deus. Várias de suas profecias denunciavam o pecado de Judá e anunciavam o julgamento divino. Eventualmente, ele esperava que tempos mais felizes viessem.

Jeremias sofreu bastante nas mãos de seu povo. Foi escarnecido e teve seu conselho ignorado. Algumas de suas profecias, que tinham sido anotadas pelo escriba Baruque, foram queimadas pelo rei em pessoa. O profeta foi espancado e colocado em troncos.

Durante o sítio a Jerusalém foi aprisionado e lançado em uma cova enlameada, na qual permaneceu por algum tempo. Seu exílio forçado no Egito foi o episódio final de uma vida cheia de tragédia, mas também de ensinamentos inspirados e fidelidade tenaz.

2 Reis 23:29-26; Jeremias

15
EXÍLIO E RETORNO

As pessoas do Reino do Sul que haviam sido deportadas para a Babilônia não foram maltratadas – algumas até prosperaram. Tiveram, no entanto, de repensar suas crenças à luz do desastre que lhes sobreveio e, para isso, foram ajudadas por dois profetas.

O primeiro foi Ezequiel, um sacerdote que profetizou tanto aos judeus no exílio quanto àqueles que permaneceram na Terra Santa. Ele criticou o povo por sua deslealdade à aliança com Deus e se reconheceu como um vigia que advertiu Judá de um desastre iminente. Ezequiel enfatizou a responsabilidade individual, bem como a da comunidade. Pregou o julgamento, mas também aguardou a restauração da nação. Em uma das revelações que recebeu, viu um vale de ossos secos. Primeiramente, os ossos se tornaram corpos, que, depois, receberam o sopro da vida. O significado da visão era que, por meio do Espírito de Deus, o povo judeu seria trazido de volta à vida e restabelecido na própria terra.

O segundo profeta, Isaías, escreveu da Babilônia, num período em que esse reino começou a declinar. Sua mensagem – sobretudo as revelações registradas nos últimos capítulos de seu livro – era de esperança e encorajamento. Ele aguardava a derrota do império babilônico pelos persas e o retorno dos exilados judeus à própria terra. Várias passagens de seus escritos fazem referência a um servo que seria levado para o matadouro como uma ovelha, sofreria como representante dos demais e, por seu sofrimento, iria redimi-los.

Em 539 a.C., a Babilônia caiu sob o domínio dos persas, cuja política era enviar os exilados de volta às próprias terras e encorajar os costumes locais de adoração. Nos anos seguintes, grupos de judeus retornaram ao território do Reino do Sul e começaram a reconstruir o templo em Jerusalém, trabalho completado em 515 a.C. e encorajado pelos profetas Ageu e Zacarias. Este último era um dos vários profetas que esperavam o Messias que reinaria em um Israel purificado – uma luz para o mundo todo.

Dois grandes líderes, Esdras e Neemias, foram enviados pelo governo persa para pôr em ordem a comunidade judaica. Esdras, um sacerdote, restaurou a Lei de Moisés. Neemias, um líder secular, reconstruiu os muros de Jerusalém e procurou melhorar a sorte dos pobres. Ambos tentaram recriar uma nação centrada em Deus e impedir casamentos mistos. O efeito de seu trabalho foi a separação da comunidade judaica do Sul dos demais povos que viviam na terra prometida.

Isaías 40-55; Ageu; Zacarias; Esdras; Neemias

16

OS ESCRITOS:
JÓ E ECLESIASTES

Os livros pré-cristãos da Bíblia podem ser divididos em quatro grupos: o Pentateuco (os primeiros cinco livros da Lei), os Profetas Maiores, os Profetas Menores (os livros que lidam com história e profecia) e os Escritos. Entre os Escritos estão Salmos, Provérbios, o Cântico dos Cânticos (um livro de poemas de amor), Jó e Eclesiastes.

O livro de Jó explora a questão do sofrimento imerecido. Ele fala de um homem rico e abençoado com uma grande família, que tinha uma vida virtuosa e piedosa. Enquanto Deus conversava com seus servos, Satanás apareceu, e Deus elogiou Jó. Satanás, que atua como o acusador da humanidade, respondeu que a virtude de Jó se devia simplesmente à sua prosperidade. Deus, então, deu a Satanás permissão para molestar Jó, desde que não tocasse nele. Satanás privou Jó de sua riqueza e de seus filhos. Jó, embora afligido, aceitou sua sorte e disse: "O Senhor o deu, o Senhor o levou; louvado seja o nome do Senhor."

Depois, Deus permitiu que Satanás afligisse Jó fisicamente. Ele foi atormentado com feridas que se abriram da cabeça aos pés. Sentou-se entre as cinzas, raspando-se com um caco de louça. Quando três amigos foram visitá-lo, um terrível lamento irrompeu de Jó. Um após outro, os amigos tentaram explicar a aflição que ele sentia. O principal argumento dos homens era o de que, de alguma forma, Jó devia ter feito por merecer aquilo –

o que Jó negou de forma veemente. Por fim, Deus se revelou a Jó em todo o esplendor criativo de sua pessoa. Jó respondeu: "Meus ouvidos já tinham ouvido a teu respeito, mas agora os meus olhos te viram." Ele se submeteu ao Senhor, que o recompensou restaurando sua riqueza e dando-lhe outros filhos.

O livro de Eclesiastes, escrito por um mestre da sabedoria, reflete um espírito de livre indagação sobre os problemas da vida. Sua mensagem é que a vida é essencialmente sem sentido, uma vez que, em longo prazo, nada muda: "Que grande inutilidade! Nada faz sentido!" A própria reflexão é vazia, pois "quanto maior a sabedoria, maior o sofrimento, e quanto maior o conhecimento, maior o desgosto". Então, cada pessoa deve fazer o melhor com sua vida, uma vez que ela é tudo o que se tem. Existe um tempo certo para tudo, mas não há como entender os propósitos de Deus como um todo. Apesar disso, "tema a Deus e obedeça aos seus mandamentos".

Jó; Eclesiastes

17
OS SÉCULOS QUE ANTECEDEM A VINDA DE JESUS

Muitos anos após seu retorno do exílio, alguns judeus que, cativos na Babilônia, praticaram atos de heroísmo tiveram suas histórias contadas. Uma delas falava sobre Sadraque, Mesaque e Abede-Nego, que foram jogados em uma fornalha incandescente por terem se recusado a adorar um ídolo erguido pelo rei Nabucodonosor. Com a ajuda de um anjo, os três homens sobreviveram às chamas sem se machucar e, dali em diante, o rei os protegeu em suas práticas religiosas.

Outra história narrava o feito de um exilado judeu chamado Daniel. Enquanto o rei Belsazar oferecia um grande banquete, uma escrita apareceu misteriosamente na parede de seu palácio, mas nenhum dos encantadores do rei foi capaz de interpretar sua mensagem. Daniel revelou corretamente que ela prenunciava a condenação do soberano devido à sua idolatria.

A terceira história também é sobre Daniel. O rei dos medos, Dario – que nessa época já havia derrotado a Babilônia –, persuadido por alguns homens de sua corte, emitiu um decreto que determinava que ninguém orasse a nenhuma outra pessoa, exceto a ele próprio. Daniel, então um dos principais governadores reais, continuou sua prática de oração diária ao Deus verdadeiro e foi condenado a ser jogado na cova dos leões. Sua fé garantiu que ele sobrevivesse ileso, mas os inimigos que tramaram sua morte foram submetidos ao destino planejado para ele.

Depois, uma série de visões foi concedida a Daniel. Em uma delas, foi-lhe revelado o destino de seu povo. As visões estavam relacionadas com a ascensão e a queda de sucessivos impérios, culminando na conquista da Pérsia por Alexandre, o Grande. Depois da morte de Alexandre, em 323 a.C., houve um longo período de instabilidade durante o qual se tentou, várias vezes, aniquilar as práticas judaicas tradicionais. As histórias sobre Daniel e as visões atribuídas a ele inspiraram os judeus determinados a permanecer fiéis à sua fé.

Algumas versões da Bíblia não falam nada sobre o período entre as conquistas de Alexandre e o reinado de Herodes, o Grande, na Judeia, que começou em 37 a.C. Outras versões incluem a Apócrifa, uma coleção de livros que retratam esses anos. Era uma época de constante combate. Herodes, o Grande, subiu ao trono por indicação dos romanos, que, nessa época, já haviam dominado toda a área do Mediterrâneo. Esse também foi um tempo de crescente expectativa pelo surgimento do Messias.

Daniel

18
AS VISÕES DE ZACARIAS
E DE MARIA

Durante o reinado de Herodes, o Grande, um sacerdote chamado Zacarias estava de serviço no templo, em Jerusalém, quando teve uma visão: um anjo lhe disse que ele e sua esposa Isabel teriam um filho. A criança deveria se chamar João, cujo significado é "o Senhor é gracioso". Isso aconteceria embora eles tivessem passado da idade natural de procriar. Porque duvidou dessa mensagem, Zacarias perdeu a fala.

Pouco tempo depois, Isabel concebeu. Quando estava no sexto mês de gravidez, uma jovem chamada Maria, parenta sua, foi visitada por um anjo que lhe revelou que ela fora escolhida por Deus para dar à luz um filho. Ele seria chamado "Filho do Altíssimo" e, como era da linhagem de Davi, seria rei para sempre. Maria perguntou: "Como acontecerá isso, se sou virgem?" O anjo respondeu que a concepção seria obra do Espírito Santo. Maria aceitou a mensagem do anjo e foi compartilhar as boas-novas com Isabel, que a abençoou por sua fé e lhe disse que, quando a viu chegar, sentiu seu próprio bebê se agitar em seu ventre. Maria muito se alegrou e disse as seguintes palavras:

> Minha alma engrandece ao Senhor e o meu espírito se alegra em Deus, meu Salvador, pois atentou para a humildade da sua serva. De agora em diante, todas as gerações me chamarão bem-aventurada, pois o Poderoso

fez grandes coisas em meu favor; santo é o seu nome. A sua misericórdia estende-se aos que o temem, de geração em geração. Ele realizou poderosos feitos com seu braço; dispersou os que são soberbos no mais íntimo do coração. Derrubou governantes dos seus tronos, mas exaltou os humildes. Encheu de coisas boas os famintos, mas despediu de mãos vazias os ricos. Ajudou a seu servo Israel, lembrando-se da sua misericórdia para com Abraão e seus descendentes para sempre, como dissera aos nossos antepassados.

Quando o bebê de Isabel nasceu, depois de Maria ter retornado a seu lar, o povo local esperava que ele fosse chamado de Zacarias, como o pai. No entanto, em virtude da mensagem de Deus anunciada a seu marido, Isabel insistiu em que o nome do menino fosse João. Ao perguntarem a Zacarias o que ele pensava sobre o fato, o homem, em apoio da esposa, pegou uma tabuinha, na qual escreveu: "João." Ele imediatamente voltou a falar e profetizou que o filho seria o precursor de alguém muito maior.

Lucas 1

19
JESUS NASCE

Maria estava prometida em casamento a um carpinteiro chamado José, um homem justo e íntegro que vivia na cidade de Nazaré, província ao norte da Galileia. Quando ele descobriu que Maria estava grávida, sua primeira intenção foi separar-se dela. Então, um anjo apareceu em seu sonho, falou-lhe acerca da origem divina da criança e ordenou que o chamasse "Jesus", que significa "Deus salva". José foi obediente a essa visão: recebeu Maria como esposa, mas não consumou fisicamente o casamento até que seu filho nascesse.

Naquele tempo, o imperador romano César Augusto ordenou que se realizasse um censo. Por ser descendente do rei Davi, José retornou à cidade natal (Belém) para se registrar. Levou consigo Maria, grávida. Jesus nasceu em Belém, em um estábulo, pois a hospedaria estava cheia.

Um anjo apareceu a um grupo de pastores que estava por perto, tomando conta de seus rebanhos. Eles ficaram aterrorizados, mas o anjo lhes disse que viera com boas-novas. O Cristo (isto é, o Rei ungido) havia nascido em Belém. Eles o encontrariam envolto em panos e deitado em uma manjedoura. Então, um grande exército de anjos apareceu, louvando a Deus e prometendo paz a quem ele concedesse seu favor. Os pastores foram para Belém, visitaram a família do recém-nascido e espalharam a notícia de que ele era um bebê muito especial.

Depois de oito dias, o menino foi circuncidado e o nome "Jesus" lhe foi oficialmente conferido.

Poucas semanas mais tarde, os pais de Jesus o levaram ao templo, em Jerusalém, para que se realizassem os ritos associados ao resgate do primogênito. Lá, duas pessoas piedosas – um homem chamado Simeão e uma mulher idosa chamada Ana – abençoaram Jesus e previram um grande destino para ele. Simeão orou:

> Ó Soberano, como prometeste, agora podes despedir em paz o teu servo. Pois os meus olhos já viram a tua salvação, que preparaste à vista de todos os povos; luz para revelação aos gentios e para a glória de Israel, teu povo.

Simeão advertiu Maria de que haveria sofrimento para ela e seu filho, enquanto Ana falou a respeito de Jesus a todos os que esperavam pela libertação do povo de Israel.

Mateus 1:18-25; Lucas 2:1-38

20

O COMEÇO DA VIDA
DE JESUS

Enquanto a família de Jesus ainda morava em Belém, homens sábios saíram do Oriente em busca do recém-nascido rei dos judeus. Eles foram guiados por uma estrela, mas também buscaram a ajuda do rei Herodes, que, alarmado com sua missão, após consultar os líderes religiosos, direcionou-os a Belém, onde o profeta Miqueias tinha predito que nasceria um rei.

Herodes indagou dos sábios em que momento a estrela que os guiava havia aparecido e pediu-lhes que retornassem até ele quando tivessem encontrado a criança, para que ele também pudesse homenageá-la. Os sábios seguiram a estrela até Belém, visitaram a família de Jesus, adoraram o menino e deram-lhe presentes: ouro, incenso e mirra. Mas, suspeitando das intenções de Herodes, retornaram para casa por outro caminho, enquanto em sonho José foi instruído a levar a esposa e o filho em segurança para o Egito.

Herodes, temendo por seu trono, ordenou o massacre de todos os meninos com menos de dois anos que viviam na região de Belém. Somente após a morte de Herodes, José pôde trazer a família de volta ao próprio país para viver em Nazaré.

Quando tinha 12 anos, Jesus foi com a família e os amigos a Jerusalém, para a festa anual da Páscoa. Na jornada de volta para casa, sua família não sentiu sua ausência até ter andado uma boa distância. Imediatamente, José e Maria retornaram a

Jerusalém e passaram três dias procurando o menino. Finalmente, eles o encontraram no templo, envolvido em debates com os mestres de lá e maravilhando-os com sua inteligência. Maria perguntou: "Filho, por que você fez isso conosco? Seu pai e eu estávamos aflitos, à sua procura." Jesus respondeu: "Não sabiam que eu devia estar na casa de meu Pai?" Então, ele voltou para Nazaré com os pais, permaneceu um filho obediente e tornou-se um carpinteiro até ter cerca de trinta anos de idade.

Mateus 2; Marcos 6:3; Lucas 2:41-52; 3:23

21

O BATISMO E AS TENTAÇÕES DE JESUS

João, filho de Zacarias e Isabel, escolheu ter uma vida austera no deserto da Judeia. Vestia roupas feitas de pelos de camelo e se alimentava com gafanhotos e mel silvestre. Pregava uma mensagem exigente e oferecia batismo com água como sinal de arrependimento e perdão dos pecados. Grandes multidões iam ouvi-lo e eram batizadas no rio Jordão.

Quando os líderes espirituais judeus se juntaram àqueles que tinham ido lá para ser batizados, João lhes disse que não confiassem em sua herança israelita como garantia da salvação, mas que tivessem uma vida melhor. Profetizou que alguém muito maior viria depois dele, alguém cujas sandálias ele não era digno de desamarrar. Essa pessoa maior seria batizada, mas não com água, e sim com a vida de Deus, o Espírito Santo.

Jesus estava entre aqueles que se apresentaram para o batismo. A princípio, João tentou dissuadi-lo, dizendo: "Eu preciso ser batizado por ti, e tu vens a mim?" Mas, por fim, Jesus o convenceu a batizá-lo, dizendo que eles deveriam fazer tudo o que Deus exigisse. João assim o fez. Quando Jesus saiu da água, o Espírito Santo desceu sobre ele na forma de uma pomba e uma voz do céu declarou: "Este é o meu Filho amado, de quem me agrado."

Em seguida, o Espírito Santo levou Jesus para o deserto, onde ele passou quarenta dias jejuando e orando. Durante esse tempo, o maligno apareceu para Jesus e tentou persuadi-lo a fazer mau uso dos poderes especiais que Deus lhe dera. Jesus resistiu, confiando na orientação das Escrituras, os textos sagrados da fé judaica. Com fome, ao ser tentado a transformar pedras em pão, ele respondeu: "Nem só de pão viverá o homem, mas de toda palavra que procede da boca de Deus." Tentado a lançar-se da parte mais alta do templo, em Jerusalém, caso confiasse nos anjos para protegê-lo, Jesus respondeu: "Também está escrito: 'Não ponha à prova o Senhor, o seu Deus.'" Tentado a tornar-se um rei terreno ao preço de prostrar-se e adorar o maligno, Jesus respondeu: "Adore o Senhor, o seu Deus, e só a ele preste culto." Então, o Diabo o deixou e os anjos vieram e o serviram.

Logo depois de ter batizado Jesus, João foi lançado na prisão por criticar Herodes, governante da província da Galileia e filho de Herodes, o Grande, por ele ter se casado com Herodias, uma parenta próxima.

Mateus 3, 4; Marcos 1:14; 6:17-18

22
JESUS COMEÇA SEU MINISTÉRIO

Após a prisão de João, Jesus começou seu ativo ministério. Sua mensagem era: "O tempo é chegado. O Reino de Deus está próximo. Arrependam-se e creiam nas boas-novas!"

Para serem seus primeiros discípulos, Jesus chamou dois pares de pescadores, que deviam abandonar suas redes de pesca: Simão (a quem apelidou de Pedro, "a rocha") e André, filhos de Jonas, e Tiago e João, filhos de Zebedeu.

Jesus logo se tornou bastante conhecido e muito afamado. Pessoas de lugares distantes iam até ele para ouvir seus ensinamentos e ser curadas dos males que as afligiam. No entanto, ao levar a mensagem à sua cidade natal, Nazaré, Jesus passou a ter problemas. Em um discurso na sinagoga (o ponto local de ensino e adoração), ele citou as palavras do profeta Isaías:

> O Espírito do Senhor está sobre mim, porque ele me ungiu para pregar boas-novas aos pobres. Ele me enviou para proclamar liberdade aos presos e recuperação da vista aos cegos, para libertar os oprimidos e proclamar o ano da graça do Senhor.

Essa profecia, disse Jesus a seus ouvintes, estava sendo cumprida naquele exato dia. Ao relembrarem sua infância humilde, eles ficaram admirados com a alegação implícita de Jesus de que ele era, no mínimo, um profeta. Quando Jesus os repreendeu por sua falta de fé, reagiram com tanta hostilidade, que ele quase não escapou de lá com vida.

De sua prisão, João ouviu acerca do progresso do ministério de Jesus. Por isso, enviou dois dos seus seguidores até o Mestre para que perguntassem a ele: "És tu aquele que haveria de vir ou devemos esperar algum outro?" Jesus respondeu de forma indireta, apontando para sua obra de cura e para as boas-novas que ele estava trazendo aos pobres: "Feliz é aquele que não se escandaliza por minha causa."

Herodes admirava João e gostava de ouvir seus ensinamentos, ao contrário de sua esposa, Herodias. Ela odiava João porque ele era contra seu casamento com Herodes. Durante as celebrações de aniversário do rei, a dança da filha de Herodias agradou tanto a Herodes, que ele ofereceu à jovem qualquer coisa que ela quisesse. Por incitação da mãe, seu pedido foi a cabeça de João em um prato. Relutantemente, Herodes ordenou a execução. A cabeça de João foi dada à garota, que a deu à mãe.

Marcos 1:14-45, 6:14-29; Lucas 3:23, 4:16-30, 7:18-23

PROVÍNCIAS NA
ÉPOCA DE JESUS

PROVÍNCIAS

Nomes históricos
(Nomes modernos)

FENÍCIA

SÍRIA

• Tiro

• Cesareia
de Filipe

GALILEIA

Cafarnaum •
Magdala • *Mar da*
Caná • *Galileia*
Nazaré •
Naim •

DECÁPOLE

GRANDE MAR
(MAR MEDITERRÂNEO)

• Cesareia

SAMARIA

PEREIA

• Jope • Arimateia
• (Tel Aviv)

Jericó •

Emaús •
monte das Oliveiras
Jerusalém • ▲ • Betânia
Belém •

• (Gaza)

O Mar Salgado
(Mar Morto)

JUDEIA

23
O MINISTÉRIO DE JESUS CONTINUA

No início, Jesus ministrou na província da Galileia, ao norte da terra prometida. Na sinagoga da cidade de Cafarnaum, em um sábado, ele surpreendeu os companheiros de adoração ao ensinar com base na própria autoridade, em vez de apoiar-se exclusivamente nas Escrituras, e ao libertar um homem possuído por um demônio. Naquele mesmo dia, realizou mais milagres de cura e, nos que se seguiram, muitos outros. Curou um leproso simplesmente ao tocar nele.

Jesus tentou evitar que seus milagres se tornassem públicos, mas as multidões se reuniam aonde quer que ele fosse. Um grupo que carregava um paralítico chegou a fazer um buraco no telhado de uma casa a fim de descer o homem até Jesus, para que fosse curado. Certa vez, para escapar da aglomeração, Jesus ensinou de dentro de um pequeno barco, enquanto as pessoas permaneciam de pé, na praia.

Jesus logo foi envolvido em controvérsias. Segundo os líderes religiosos, ele teria dado motivo de ofensa ao perdoar pecados, um poder que a maioria dos judeus acreditava estar reservado somente a Deus. Além disso, alegando ter vindo chamar os pecadores – e não os justos – ao arrependimento, Jesus se misturou livremente aos excluídos, como os homens que coletavam impostos em nome dos romanos. Em certas ocasiões, enquanto os outros religiosos jejuaram, Jesus e seus discípulos não o fizeram. Ele explicou: "Como podem os convidados do noivo jejuar enquanto este está com eles? Mas virão dias quando o noivo lhes será tirado; e nesse tempo jejuarão."

Jesus deu prioridade à necessidade humana sobre as exigências detalhadas da Lei judaica. Disse ele: "O sábado foi feito para o homem, não o homem para o sábado... O Filho do Homem [como Jesus se referia a si próprio] é Senhor até mesmo do sábado." Ao aceitar um desafio direto de seus críticos, Jesus curou em uma sinagoga, em um sábado, um homem que tinha uma das mãos atrofiadas. Os oponentes de Jesus o acusaram de estar possuído por um espírito maligno. A isso, ele respondeu que não era possível, pois se expulsasse espíritos malignos do povo por meio de um espírito maligno, então o reino de Satanás estaria para entrar em colapso.

Marcos 1-3

24

JESUS ESCOLHE OS DOZE

Depois de passar uma noite em oração, Jesus selecionou entre seus seguidores doze homens, os quais chamou de "apóstolos", palavra que significa "aqueles que são enviados". Esse grupo incluía os dois pares de irmãos já mencionados — Pedro e André e Tiago e João (Jesus apelidou esses últimos de "filhos do trovão"). Mateus, a quem Jesus também havia chamado para segui-lo, era um coletor de impostos, uma profissão desprezada pelos judeus. Os demais apóstolos eram Filipe, Bartolomeu, Tomé (chamado Dídimo), Tiago (filho de Alfeu), Judas (filho de Tiago) e Simão, ex-membro de uma resistência judaica armada. Finalmente, havia Judas Iscariotes, que, mais tarde, trairia o Mestre.

Jesus também era acompanhado por um grupo de mulheres, entre as quais havia algumas que tinham sido curadas por ele. Com recursos próprios, elas serviam Jesus e os doze apóstolos. Incluídas nesse grupo estavam Maria, da cidade de Magdala, e Joana, esposa do administrador da casa do rei Herodes. Outros seguidores, em quantidade maior ou menor, chegavam e partiam de tempos em tempos.

Jesus deixou claro que a lealdade a ele estava acima da lealdade a quaisquer outras pessoas. Quando os membros da família de Jesus, temendo que ele estivesse fora de si, tentaram levá-lo para casa, Jesus se recusou a ir com eles, dizendo: "Quem faz a vontade de Deus, este é meu irmão, minha irmã e minha mãe."

No devido tempo, Jesus enviou os doze apóstolos, de dois em dois, a pregar e a curar, como ele vinha fazendo. Jesus lhes disse que não levassem com eles nada além de um companheiro de jornada – nenhum alimento, nenhuma carteira, nenhum dinheiro e nenhuma roupa que trocar. Eles deveriam depender da hospitalidade das pessoas para suprir as próprias necessidades.

Algum tempo depois, Jesus enviou 72 de seus seguidores em uma missão semelhante e com as mesmas instruções. Ele lhes disse que cada pessoa que os escutasse estaria dando ouvidos a ele, e cada pessoa que os rejeitasse o estaria rejeitando também. Os 72 discípulos voltaram alegres com o sucesso que obtiveram. Jesus se alegrou com eles e agradeceu a seu Pai nos céus o fato de ter revelado ao povo comum o que estava escondido pelos sábios e cultos. E acrescentou: "Todas as coisas me foram entregues por meu Pai. Ninguém sabe quem é o Filho, a não ser o Pai; e ninguém sabe quem é o Pai, a não ser o Filho e aqueles a quem o Filho o quiser revelar."

Mateus 9:9; Marcos 3:17, 31-35, 6:7-13;
Lucas 6:12-16, 8:1-3, 10:1-24

25

O SERMÃO DA MONTANHA

Boa parte do ensino de Jesus foi reunida quando, sentado à encosta de uma montanha, ele falou a seus discípulos sobre a vida no Reino de Deus. Jesus ensinou que a verdadeira felicidade vem quando se tem as atitudes corretas. Os que são humildes, gentis, bondosos, misericordiosos, que estão preocupados com a pecaminosidade do mundo, que têm determinação para servir a Deus e amam a paz serão abençoados pelo Pai. Além disso, enfatizou que seus seguidores que forem perseguidos neste mundo devem se alegrar, pois terão uma rica recompensa no mundo vindouro.

Jesus enfatizou ainda que não veio ao mundo para destituir as exigências morais da Lei judaica, mas para cumpri-las. Ensinou que não cometer assassinato não é o suficiente: a ira, que pode levar ao assassinato, também deve ser aplacada. Não basta não cometer adultério: pensamentos lascivos também precisam ser abandonados. Não é o bastante o cumprimento de nossas promessas solenes: devemos sempre levar a sério tudo o que dissermos.

A Lei judaica ensinava que a retaliação deveria ser proporcional ao dano causado: olho por olho, dente por dente. Jesus, porém, ensinou que devemos amar nossos inimigos e retribuir o mal com o bem, oferecendo a outra face quando formos atacados.

E prosseguiu dizendo que é errado ostentar piedade e doações de caridade. Tanto uma como as outras devem ficar entre nós e Deus. Ninguém pode servir a dois senhores – é impossível servir a Deus e ao dinheiro. Deus conhece as necessidades das pessoas e irá suprir a elas, assim como assegura alimento aos pássaros e roupas gloriosas às flores. Não devemos ficar ansiosos: precisamos confiar em Deus. Não devemos julgar os outros, pois seremos julgados com o mesmo grau de severidade. É difícil encontrar o caminho para o Reino dos céus e haverá os que nos tentarão iludir. Então, devemos avaliar as pessoas pela qualidade moral e espiritual de sua vida.

Jesus resumiu todo o ensino moral do Antigo Testamento no mandamento de tratar os outros como gostaríamos de que eles nos tratassem. Também disse que todo aquele que proceder conforme as palavras dele será como o homem prudente que construiu sua casa sobre uma rocha e, quando as tempestades vieram, a casa permaneceu firme. Porém, todo aquele que não proceder conforme as palavras dele será como o homem que construiu sua casa sobre a areia e, quando as tempestades vieram, a casa caiu, e a devastação foi grande.

Mateus 5-7

26
ENSINO SOBRE
A ORAÇÃO

Tanto no Sermão da Montanha como em outros momentos, Jesus ensinou sobre a oração. A oração pessoal é uma questão particular e não pode ser exibida aos outros. A oração feita a Deus com fé sempre recebe dele uma resposta. "Peçam, e lhes será dado; busquem, e encontrarão; batam, e a porta lhes será aberta." Ao orar, não tem significado fazer vãs repetições, uma vez que Deus conhece suas necessidades antes que você as conte a ele. Porém a perseverança na oração é uma virtude. Jesus deixou isso bem claro ao narrar a história de uma viúva que importunou tanto um juiz injusto que, irritado, ele finalmente lhe concedeu o que pertencia a ela por direito. Se um homem desse tipo se comportou dessa maneira, Deus ignoraria aqueles que clamam por ele dia e noite?

Com estas palavras, Jesus ensinou seus seguidores a orar:

Pai nosso, que estás nos céus!
Santificado seja o teu nome.
Venha o teu Reino; seja feita a tua vontade,
assim na terra como no céu.
Dá-nos hoje o nosso pão de cada dia.
Perdoa as nossas dívidas,
assim como perdoamos aos nossos devedores.
E não nos deixes cair em tentação, mas livra-nos do mal.

Jesus ensinou que a oração eficaz depende da humildade. Para ilustrar isso, ele contou uma história sobre um fariseu e um coletor de impostos que oravam no templo. O fariseu orou: "Deus, eu te agradeço porque eu não sou como os outros homens: ladrões, corruptos, adúlteros; nem mesmo como este publicano. Jejuo duas vezes por semana e dou o dízimo de tudo quanto ganho." O coletor de impostos nem ousou olhar para cima, mas, batendo no peito, dizia: "Deus, tem misericórdia de mim, que sou pecador."

Jesus nos deixou um exemplo pessoal de oração. Frequentemente, ia para um local isolado, em longos períodos de prece. Suas curas foram, muitas vezes, precedidas por essa prática. Boa parte da noite que antecedeu sua prisão ele a passou orando. Primeiro, no cenáculo, ele orou por seus amigos e seguidores; depois, no jardim do Getsêmani, orou por si mesmo.

Mateus 6:5-13; 14:23; Lucas 11:9, 18:1-14, 22:39-46; João 17

27
PARÁBOLAS

Em seus ensinamentos, Jesus fez uso abundante das parábolas, histórias memoráveis que, extraídas da experiência cotidiana do povo, carregam um sentido espiritual. Ele falou, por exemplo, de um homem que espalhou sementes por um vasto campo. Algumas caíram à beira do caminho e foram rapidamente comidas pelas aves. Outras caíram em terreno pedregoso, com pouca terra, e brotaram, mas logo secaram debaixo dos raios de sol. Houve também as sementes que, por terem caído entre espinhos, foram por eles sufocadas enquanto cresciam. Por fim, as que caíram em boa terra produziram uma farta colheita.

Mais tarde, Jesus explicou a seus discípulos que a semente era a palavra de Deus. Algumas pessoas a ouvem, mas imediatamente a esquecem. Outras a recebem com entusiasmo, mas não têm perseverança. Há também as que a recebem, mas logo a sufocam em meio a suas preocupações e prazeres mundanos. E há, enfim, as que a aceitam e produzem o fruto de vidas que agradam a Deus.

A um perito na Lei que perguntou a Jesus quem ele deveria considerar seu próximo, Jesus respondeu com uma parábola sobre um homem que, em uma rua deserta, foi atacado por assaltantes que quase o mataram. Quando viram a vítima, tanto o sacerdote como o levita que servia no templo passaram pelo outro lado da rua e não fizeram nada para ajudá-la. Um samaritano (homem de uma comunidade que os judeus odiavam e desprezavam), porém, teve piedade dele: enfaixou suas feridas, levou-o para uma hospedaria e pagou ao hospedeiro para que cuidasse dele. "Qual destes três você acha que foi o próximo do homem que caiu na mão dos assaltantes?", devolveu-lhe a pergunta Jesus. O perito na lei respondeu: "Aquele que teve misericórdia dele." Jesus concluiu: "Vá e faça da mesma forma."

Para ilustrar o amor generoso de Deus, Jesus contou uma história sobre um proprietário de terras que tinha dois filhos. Um dia, o filho mais novo pediu a parte que lhe cabia na herança do pai e, em seguida, foi embora e a gastou com uma vida de irresponsabilidades e extravagâncias. Depois de perder tudo, decidiu voltar para casa e submeter-se à vontade paterna. Quando ainda estava ao longe, seu pai, que o vira chegando, correu para encontrar-se com ele, perdoou-lhe imediatamente e ofereceu-lhe uma grande festa. Isso enfureceu o filho mais velho, que ficara em casa e trabalhara duro, sem nunca dar nenhum passo errado. O primogênito reclamou com amargura do fato de que o irmão estava sendo tratado de forma mais generosa que a dispensada a ele. Em resposta, o pai o lembrou de que ele era o herdeiro de toda a propriedade, mas insistiu em que o correto era alegrar-se, uma vez que um filho perdido tinha voltado para casa.

Marcos 4:1-20; Lucas 10:25-37; 15:11-32

28
JESUS RESPONDE
A PERGUNTAS

Durante seu ministério, Jesus foi muitas vezes questionado por seus discípulos – tanto por aqueles que estavam genuinamente desejosos de aprender com ele, quanto pelos que tentavam colocá-lo à prova. Indagado por alguns fariseus do motivo de seus discípulos não observarem as leis relativas aos rituais de purificação, como o ato simbólico de lavar as mãos antes de uma refeição, Jesus respondeu que era fácil concentrar-se em tais questões e ignorar as demandas da Lei moral. Quanto às restrições de dieta, ele ensinou que não era o que as pessoas ingeriam que lhes fazia mal, mas o que saía de sua boca: os pensamentos, as palavras e as ações malignas que brotavam do coração humano.

Jesus também foi questionado sobre o divórcio. Quanto a isso, respondeu que a permissão para o divórcio, na Lei de Moisés, fora uma concessão à fraqueza humana. A vontade de Deus é de que um homem e sua esposa não se considerem mais duas pessoas, e sim uma só. Ninguém deve separar aqueles que Deus uniu. Todo aquele que se divorcia e se casa novamente comete adultério.

A um homem rico que perguntou o que deveria fazer para obter a vida eterna, Jesus respondeu: observar os mandamentos morais dados por intermédio de Moisés. Uma vez que o homem lhe assegurou já ter feito o que ele dissera, Jesus o aconselhou a vender tudo o que tinha, dar o dinheiro aos pobres e segui-lo. O homem foi embora triste. Jesus comentou que era mais fácil um camelo passar pelo fundo de uma agulha que um rico entrar no Reino de Deus. No entanto, aqueles que largam tudo para segui--lo serão ricamente recompensados neste mundo e no próximo.

Os discípulos de Jesus lhe perguntaram: "Quem é o maior no Reino dos céus?" Ele colocou uma criança diante deles e lhes disse: "A não ser que vocês se convertam e se tornem como uma criança, jamais entrarão no Reino dos céus. Portanto, quem se faz humilde como esta criança, este é o maior no Reino dos céus."

Pedro perguntou a Jesus: "Quantas vezes deverei perdoar a meu irmão quando ele pecar contra mim? Até sete vezes?" Jesus lhe respondeu: "Não até sete, mas até setenta vezes sete." A fim de aprofundar o assunto, o Mestre contou a história de um rei que perdoou a um de seus servos que lhe devia uma fortuna, mas depois descobriu que esse servo exigiu de um conservo o pagamento imediato de uma dívida muito menor. O rei puniu o servo impiedoso. De forma semelhante, Deus nos punirá por nossas ofensas contra ele, a menos que perdoemos aos outros suas ofensas contra nós.

Marcos 7:1-23; 10:1-31; Mateus 18:1-5, 21-35

29
MILAGRES DE CURA

Durante suas viagens, às vezes Jesus era requisitado para realizar milagres e demonstrar seus poderes. Mas ele sempre se recusava a fazer o que solicitavam, de modo que agia unicamente em resposta a necessidades reais das pessoas. Ele tentou evitar que seus milagres se tornassem muito conhecidos, contudo muitas vezes isso era inevitável e aqueles que viam seus feitos milagrosos ou ouviam falar deles ficavam estupefatos e admirados.

Em certa ocasião, Jesus foi confrontado por um homem que, possuído por demônios, mostrava-se incontrolável e vivia em um cemitério. Como acontecia normalmente, os demônios reconheceram quem era Jesus e o chamaram de "Filho de Deus". Quando Jesus os expulsou do homem, eles se refugiaram em uma manada de porcos, que se atirou no mar.

Como no exemplo anterior, Jesus curava apenas com uma palavra de comando. Outras vezes, no entanto, ele empregava métodos físicos. Solicitado a curar um homem que estava surdo e tinha um problema de fala, Jesus colocou os dedos nos ouvidos do homem e cuspiu e tocou na língua dele. Ao curar um cego, Jesus cuspiu e impôs as mãos nos olhos dele. Quando a visão voltou apenas parcialmente, Jesus colocou de novo as mãos sobre os olhos do homem, para completar a cura.

Jesus possuía um poder que era acionado pela fé das pessoas. Certo dia, enquanto se movia por uma densa multidão, uma mulher que havia doze anos vinha sofrendo de hemorragia e a quem os médicos tinham se mostrado incapazes de ajudar, quebrou as leis cerimoniais judaicas que a proibiam de aproximar-se de outras pessoas e tocou no manto de Jesus. Imediatamente, foi curada. Ao perceber que havia saído poder de si, Jesus perguntou quem tocara nele. Com muito medo, a mulher se aproximou e confessou ter sido ela. Jesus respondeu: "Filha, a sua fé a curou! Vá em paz..."

Em Jerusalém, como na Galileia, Jesus entrou em conflito com as autoridades religiosas porque curava no sábado. Ao passar por um homem que havia trinta anos estava paralítico e que tentara, sem sucesso, tirar vantagem das propriedades de cura do tanque de Betesda, Jesus ordenou que ele pegasse sua maca e andasse. O homem o fez. Porém, como a cura havia ocorrido num sábado, Jesus foi confrontado acerca disso. Sua explicação – "Meu Pai continua trabalhando até hoje, e eu também estou trabalhando" – ofendeu ainda mais os líderes religiosos, pois entenderam que ele se igualava a Deus.

Mateus 16:1-4; Marcos 5:1-20, 5:25-34, 7:31-37; 8:22-26; João 5:1-18

30
RESSUSCITANDO OS MORTOS

Em três ocasiões durante seu ministério, Jesus trouxe pessoas mortas, ou aparentemente mortas, de volta à vida.

Ao aproximar-se da cidade de Naim, na Galileia, Jesus deparou com o cortejo fúnebre de um jovem, o filho único de uma viúva. Cheio de compaixão por ela, Jesus colocou a mão sobre o caixão e parou o cortejo. Então disse: "Jovem, [...] levante-se!" Para grande surpresa da multidão, o rapaz se sentou e começou a falar. Jesus o entregou à mãe dele.

Em outra ocasião, Jesus foi abordado pelo dirigente de uma sinagoga local, um homem chamado Jairo. Ele pediu a Jesus que impusesse as mãos em sua filha de 12 anos que estava à morte. Jesus concordou. No caminho, mensageiros vieram contar a Jairo que a garota havia morrido. Não obstante, Jesus continuou a caminhar em direção à casa dele e lá repreendeu os que se lamentavam da morte da menina, dizendo-lhes que ela estava apenas dormindo. As pessoas riram. Mas, ao entrar no quarto em que a garota estava deitada, Jesus a pegou pela mão e ordenou que ela se levantasse. A menina obedeceu de imediato e Jesus mandou que seus pais lhe dessem algo que comer.

Alguns amigos íntimos de Jesus – Lázaro e suas irmãs, Marta e Maria – moravam no vilarejo de Betânia, próximo a Jerusalém. Certo dia, Jesus recebeu uma mensagem urgente das duas mulheres dizendo que Lázaro estava muito doente. Mas Jesus só partiu para Betânia dois dias mais tarde. Quando ele e seus discípulos chegaram ao vilarejo, Lázaro já estava no sepulcro havia quatro dias. Marta e Maria se encontraram com Jesus e, uma após a outra, alegaram que, se ele estivesse ali, Lázaro não teria morrido. Jesus respondeu à Marta dizendo: "Eu sou a ressurreição e a vida. Aquele que crê em mim, ainda que morra, viverá." Então, profundamente comovido com a tristeza das irmãs, Jesus pediu que o levassem até o sepulcro. Ali, ordenou que a pedra que bloqueava a entrada fosse removida. Fez uma breve oração e disse em alta voz: "Lázaro, venha para fora." O morto saiu ainda envolto em suas vestes funerárias. Jesus ordenou: "Tirem as faixas dele e deixem-no ir."

Esse milagre causou grande sensação. Quando soube disso, a liderança judaica temeu que Jesus logo atraísse o apoio das massas e levasse os ocupantes romanos a uma reação violenta. "É melhor que morra um homem pelo povo, e que não pereça toda a nação", disse o sumo sacerdote Caifás. E a partir de então, a liderança tramou a morte de Jesus.

Lucas 7:11-17; Marcos 5:21-24, 35-43; João 11:1-53

31

MILAGRES NA NATUREZA

Os milagres de Jesus não estavam restritos à libertação de pessoas das garras da doença e da morte. No início de seu ministério, ele, sua mãe e seus discípulos foram convidados para um casamento em Caná da Galileia. Em meio à festa, o suprimento de vinho acabou. Jesus disse aos serviçais da casa que enchessem de água até a borda alguns dos grandes potes usados em cerimônias de purificação. Quando a água foi despejada, viram que ela havia se transformado em vinho. O encarregado da festa comentou que o vinho era de qualidade superior à do que havia sido servido anteriormente.

Certo dia, após Simão (chamado Pedro) e seus amigos terem passado uma noite pescando sem sucesso, Jesus lhes disse que tentassem de novo. Nesse dia, a quantidade de peixes apanhada de uma só vez foi tão grande, que as redes se partiram e os barcos começaram a afundar. Pedro, maravilhado, prostrou-se aos pés de Jesus e disse: "Afasta-te de mim, Senhor, porque sou um homem pecador!" Jesus respondeu: "Não tenha medo; de agora em diante você será pescador de homens."

Depois de passar o dia ensinando, Jesus e os discípulos atravessaram o mar da Galileia. De repente, surgiu um vendaval. Jesus dormia na popa do barco. Com medo de morrer, seus discípulos o acordaram. Ele os censurou pela falta de fé, repreendeu o vento e abrandou o mar com estas palavras: "Aquiete-se! Acalme-se!" Os discípulos, maravilhados, comentaram: "Quem é este que até o vento e o mar lhe obedecem?"

Em outra ocasião, em um lugar deserto, uma grande multidão se reuniu para ouvir Jesus. Ao anoitecer, os discípulos sugeriram que o povo fosse mandado embora para comprar alimento. Disse-lhes Jesus: "Deem-lhes vocês algo para comer." Os discípulos responderam que não tinham mais que cinco pães e dois peixes. No entanto, Jesus ordenou que a multidão se sentasse em grupos, deu graças pelo alimento e repartiu-o entre eles. Não somente houve o suficiente para as cinco mil pessoas que estavam ali, mas doze cestos com as sobras foram recolhidos mais tarde.

Depois desse milagre, Jesus enviou os discípulos antes dele pelo mar da Galileia. Ele ficou para trás, a fim de orar. Enquanto o barco lutava contra o vento, na escuridão da noite, os discípulos viram Jesus andando sobre as águas. Pensando que fosse um fantasma, ficaram aterrorizados e gritaram. Jesus os tranquilizou e, ao juntar-se a eles no barco, o vento cessou.

João 2:1-12; Lucas 5:1-11; Marcos 4:35-41, 6:30-52

32
QUEM É JESUS?

Desde os primeiros dias de seu ministério, havia especulação sobre como Jesus se enquadrava nas expectativas religiosas judaicas.

Quando Jesus e os discípulos estavam no território ao norte do mar da Galileia, a caminho dos povoados nas proximidades de Cesareia de Filipe, perguntou o que as pessoas estavam dizendo sobre ele. Os discípulos responderam que alguns pensavam que ele fosse João Batista ou Elias que tinha voltado; outros diziam que ele era um profeta. Quando perguntou quem os discípulos pensavam que ele fosse, Pedro respondeu: "Tu és o Cristo." Jesus aceitou o título. Porém ordenou que seus discípulos não dissessem nada sobre isso em público.

Depois, Jesus começou a ensinar-lhes que ele era o Messias, que deveria suportar sofrimento e rejeição, que seria morto e depois ressuscitaria. Pedro achou esse ensino difícil de aceitar e protestou. Jesus o repreendeu com severidade porque ele estava pensando em termos humanos, e não segundo a perspectiva divina. Jesus disse aos discípulos que segui-lo envolvia compartilhar seu sofrimento: "Quem quiser salvar a sua vida, a perderá; mas quem perder a sua vida por minha causa e pelo evangelho, a salvará."

Alguns dias depois, Jesus levou Pedro, Tiago e João a um alto monte. Lá, eles o viram transfigurado: suas roupas se tornaram resplandecentes e sua glória brilhou. Moisés e Elias apareceram diante deles e conversaram com Jesus. Os discípulos ficaram impressionados e apavorados. Em seguida, uma nuvem os envolveu e uma voz do céu declarou: "Este é o meu Filho amado. Ouçam-no!" A visão desapareceu em seguida.

Mais tarde, enquanto desciam do monte, Jesus ordenou aos discípulos que não dissessem nada sobre o que havia acontecido lá até que ele ressuscitasse dos mortos, um conceito que eles acharam difícil de assimilar. Os discípulos lhe perguntaram o que as Escrituras quiseram dizer ao afirmarem que Elias deveria vir primeiro, a fim de restaurar todas as coisas. Jesus respondeu que Elias já tinha vindo na pessoa de João Batista.

Quando Jesus, Pedro, Tiago e João se uniram aos outros discípulos, encontraram-nos rodeados por uma grande multidão discutindo com eles acerca do fracasso que tiveram em curar um menino epilético. Jesus conversou com o pai do menino, que descreveu os efeitos terríveis da doença do filho e clamou: "Ajuda-me a vencer a minha incredulidade!" Jesus curou o menino e, mais tarde, disse aos discípulos que algumas doenças só responderiam à oração.

Marcos 8:27, 9:27; Mateus 11:14

33

A VERDADEIRA
NATUREZA DE JESUS

Só depois que Jesus ressuscitou dos mortos seus seguidores começaram a entender com mais profundidade sua verdadeira natureza. Essa natureza é mencionada por João ao descrever o ministério de Jesus. O Evangelho de João começa com a afirmação de que a *Palavra*, a atividade criadora de Deus por toda a eternidade, tornou-se carne na pessoa de Jesus. Seu próprio povo não o aceitou, mas a todos que o aceitaram ele deu o direito de se tornarem filhos de Deus. A Lei foi dada por intermédio de Moisés, mas a graça e a verdade vieram por intermédio de Jesus Cristo.

Em várias passagens do seu Evangelho, João escreve sobre as afirmações de Jesus acerca de si mesmo. Por exemplo: certa noite, Nicodemos, um líder fariseu, visitou Jesus e lhe disse que acreditava que ele era um mestre enviado por Deus. Jesus respondeu dizendo que somente aqueles que nascem de novo da água e do Espírito podem ver o Reino de Deus. "Como pode ser isso?", perguntou Nicodemos. Jesus o repreendeu. Como um mestre dos judeus podia não entender essa verdade? Depois, Jesus lhe falou sobre seu relacionamento especial com Deus e a missão especial que tinha. Jesus disse: "Porque Deus tanto amou o mundo que lhe deu o seu Filho Unigênito, para que todo o que nele crer não pereça, mas tenha a vida eterna. Pois Deus enviou o seu filho ao mundo, não para condenar o mundo, mas para que este fosse salvo por meio dele."

Em outra ocasião, Jesus travou conversa com uma samaritana que fora tirar água de um poço. Ela ficou surpresa quando Jesus lhe pediu um pouco de água para beber, pois havia uma hostilidade profunda entre os judeus e os samaritanos. Mas Jesus lhe disse: "Se você conhecesse o dom de Deus e quem lhe está pedindo água, você lhe teria pedido e ele lhe teria dado água viva. Quem beber desta água terá sede outra vez, mas quem beber da água que eu lhe der nunca mais terá sede. Ao contrário, a água que eu lhe der se tornará nele uma fonte de água a jorrar para a vida eterna."

A princípio, a mulher não compreendeu o que lhe foi dito. Por isso, Jesus teve de esclarecer concepções errôneas devido à pecaminosidade dela e às controvérsias que separavam samaritanos e judeus. Depois, revelou à mulher que ele era de fato o Messias. Ela contou ao povo de seu vilarejo o que Jesus lhe dissera. Jesus ficou ali por mais dois dias, e muitos samaritanos ficaram convencidos de que ele era o Salvador do mundo.

João 1:1-8, 3:1-21, 4:1-42

34

NO CAMINHO
PARA JERUSALÉM

Havia chegado a hora de Jesus fazer sua visita final a Jerusalém. No caminho, ele continuou a advertir os discípulos do destino que o aguardava. Mas eles continuaram a fracassar em compreendê-lo, embora o tivessem visto proteger o povo que a maioria dos judeus desprezava e ser ferozmente criticado pela liderança judaica. Jesus acusou de hipocrisia os fariseus, os judeus mais rigorosos na observância da Lei. Isso aconteceu porque, embora cumprissem de maneira rigorosa as exigências externas da Lei judaica, os fariseus negligenciavam seus ditames mais profundos: a justiça e o amor. Jesus alegou que os fariseus e os mestres da lei oprimiam o povo comum e perseguiam os que ensinavam novas verdades religiosas, como ele.

Durante a viagem, Jesus frequentemente desafiou as presunções daqueles que o ouviam e lhe ofereciam hospitalidade. Ao jantar com um fariseu e ver a competição entre os convidados por um lugar de honra, ele aproveitou para ensinar que Deus irá exaltar o humilde e humilhar aqueles que buscam estar entre os mais honrados. A hospitalidade deveria ser oferecida, disse Jesus, não aos amigos ou aos vizinhos em boa situação financeira, mas àqueles incapazes de retribuir o favor. A recompensa do anfitrião virá quando os justos ressuscitarem dos mortos.

Em outra reprovação implícita a seu povo, Jesus contou uma história de convidados que rejeitaram, com uma variedade de desculpas, um convite para uma festa. Irado, o anfitrião encheu sua casa com os pobres e mutilados, de modo que não havia mais nenhum espaço para aqueles que foram convidados primeiro.

Enquanto Jesus e os discípulos se aproximavam da cidade de Jericó, um mendigo cego, usando uma expressão reservada ao Messias, clamou: "Jesus, filho de Davi, tem misericórdia de mim!" As pessoas mandaram que ele ficasse quieto, mas o homem continuou gritando até que Jesus, depois de ordenar que o levassem até ele, lhe devolvesse a visão.

Em outra ocasião, quando Jesus se aproximava de Jericó, um homem chamado Zaqueu, rico coletor de impostos, subiu em uma árvore para vê-lo passar no meio da multidão. Ao observá-lo, Jesus se convidou para jantar na casa dele. Durante a refeição, Zaqueu jurou que, se tivesse defraudado alguém, daria metade dos seus bens aos pobres e recompensaria todos os que ele tivesse extorquido. Jesus se alegrou e disse: "Hoje houve salvação nesta casa! Pois o Filho do homem veio buscar e salvar o que estava perdido."

Lucas 9:51, 11:37-52, 14:7-24, 18:31-19:10

35

CHEGADA
A JERUSALÉM

Quando Jesus e os discípulos se aproximaram de Jerusalém, Tiago e João lhe pediram um favor: que, quando Jesus entrasse em seu Reino, eles se sentassem um à sua direita e o outro à sua esquerda. Jesus lhes perguntou se eram capazes de suportar o que ele suportaria. Eles disseram que sim. Jesus revelou que seus discípulos sofreriam como ele, mas que os lugares mais altos em seu Reino não cabia a ele conceder. Quando os demais discípulos souberam dessa conversa, ficaram indignados. Jesus, então, explicou que qualquer um de seus seguidores que quisesse ser grande deveria estar preparado para servir como ele, que entregaria sua vida pelo resgate de muitos.

À entrada de Jerusalém, Jesus enviou dois dos discípulos a um povoado próximo, para que lhe trouxessem um jumento que encontrariam amarrado lá. Se fossem confrontados por alguém, deveriam dizer: "O Senhor precisa dele."

Eles fizeram como lhes havia sido ordenado e, quando trouxeram o jumento, puseram sobre o animal seus mantos. Outros seguidores estenderam os próprios mantos e os ramos que haviam cortado nos campos pelo caminho à frente de Jesus. Enquanto ele entrava em Jerusalém, montado no jumento, a multidão o aclamou abanando ramos e gritando: "Louvado seja Deus! Bendito é o que vem em nome do Senhor! Bendito é o Reino vindouro de nosso pai, Davi!" Dessa forma, uma profecia de Zacarias foi cumprida.

No dia seguinte, Jesus entrou no templo e expulsou aqueles que compravam e vendiam ali. Aquele devia ser um local de oração, mas havia sido transformado em covil de ladrões, disse Jesus. As autoridades religiosas judaicas quiseram prendê-lo, mas tiveram medo da multidão que se agrupava a seu redor e estava fascinada com seus ensinamentos.

Certa noite, Jesus estava comendo na casa de um amigo, em Betânia, onde estava hospedado. Uma mulher entrou com um frasco de perfume caro e o ungiu com ele. Alguns dos convidados ficaram indignados e disseram que o perfume poderia ter sido vendido e o dinheiro, dado aos pobres. Porém Jesus defendeu a mulher, dizendo que eles poderiam ajudar os pobres a qualquer momento, mas, ao ungi-lo, aquela mulher havia preparado o corpo dele para o sepultamento.

Depois disso, Judas Iscariotes foi às autoridades judaicas e se ofereceu para lhes entregar Jesus. Tendo recebido uma promessa de pagamento de trinta moedas de prata para traí-lo, Judas começou a planejar como a prisão do Mestre poderia ser efetuada.

Marcos 10:32-45, 11:1-12, 15-19, 14:1-11; João 12:13; Mateus 21:5, 26:14-16

36

JESUS ENSINA
NO TEMPLO

Ao aproximar-se a festa da Páscoa, Jesus passou a ir todos os dias ao templo, onde ensinava os crentes, os céticos e os hostis. Certo dia, ele contou uma parábola sobre um homem que plantou uma vinha e a arrendou a alguns lavradores. Quando o dono da vinha enviou os servos para receber sua parte da colheita, os lavradores os maltrataram, batendo em alguns e matando outros. Finalmente, o proprietário enviou o próprio filho, na esperança de que ele, ao menos, fosse tratado com respeito. Os lavradores o reconheceram como o herdeiro e, desejando ficar com a vinha para eles próprios, mataram-no também. "O que fará então o dono da vinha?", perguntou Jesus aos seus ouvintes. "Virá e matará aqueles lavradores e dará a vinha a outros."

Os líderes judeus perceberam que a história apontava para eles – eram eles os lavradores da parábola. Desejavam prender Jesus, mas tinham medo da reação da multidão. Assim, enviaram interrogadores, na tentativa de o apanharem em alguma indiscrição. Questionado se era correto ou não pagar impostos ao imperador romano, Jesus pediu para ver uma moeda de prata e indagou de quem era a efígie que havia nela. Ouvindo a resposta "de César", o imperador, replicou: "Deem a César o que é de César e a Deus o que é de Deus."

Os saduceus – um grupo religioso judeu – não acreditavam na ressurreição dos mortos. Por isso, contaram a Jesus uma história sobre uma mulher que, a fim de cumprir as exigências da Lei judaica, casara-se com sete irmãos, à medida que os esposos iam falecendo, na vã esperança de gerar um herdeiro. Perguntaram, então, com qual deles ela seria casada quando os mortos ressuscitassem? Jesus respondeu que não existirá casamento depois da ressurreição dos mortos e os confrontou indagando como conseguiam negar a ressurreição dos mortos se o Deus de Abraão, de Isaque e de Jacó é Deus de vivos, e não de mortos.

Perguntado sobre qual era o principal mandamento, Jesus respondeu que dois deles estavam acima de todos os outros. "O mais importante é este: 'Ouve, ó Israel, o Senhor, o nosso Deus, o Senhor é o único Senhor. Ame o Senhor, o seu Deus, de todo o seu coração, de toda a sua alma, de todo o seu entendimento e de todas as suas forças.' O segundo mandamento é este: 'Ame o seu próximo como a si mesmo.'"

Marcos 11:27-12:34

37

ENSINO SOBRE
O JULGAMENTO

Durante as últimas semanas de seu ministério, Jesus falou detalhadamente sobre os momentos difíceis que viriam e sobre a necessidade de estarmos preparados para o julgamento de Deus.

Enquanto os discípulos admiravam o templo, Jesus profetizou a destruição do prédio. Revelou que um tempo de desastres humanos e naturais estava por vir, que seus seguidores seriam levados perante os tribunais e seriam espancados e executados e que, diante do perigo, o único recurso seria a fuga imediata. Durante os tempos tumultuosos, haveria muitos falsos profetas e messias, mas, afinal, o Filho do homem – ele próprio – apareceria para reunir aqueles que se mantivesem fiéis a ele. Como somente Deus sabe quando esse evento ocorrerá, os seguidores de Jesus devem estar constantemente preparados e em alerta.

Para ilustrar esse ensinamento, Jesus contou uma parábola sobre um homem que viajou para o exterior e incumbiu três servos de administrar parte de seu capital. Ao retornar, ele os convocou a prestar contas de suas ações. Dois servos dobraram os investimentos. Ele lhes deu uma responsabilidade extra e lhes concedeu seu alto favor. O servo a quem ele havia confiado a menor quantia nada produzira com ela; ele simplesmente devolveu a soma original que lhe fora confiada. Essa falta de cumprimento do dever deixou o mestre irado e o levou a dar o investimento ao servo que ganhara mais e a dispensar de seu serviço o ocioso. Jesus concluiu: "A quem tem, mais será dado, e terá em grande quantidade. Mas a quem não tem, até o que tem será tirado."

Em outra parábola, Jesus descreveu o Filho do homem vindo com seus anjos. Ele se sentou no trono para julgar e dividiu a humanidade em dois grupos: as ovelhas e os bodes. As ovelhas foram colocadas à sua direita; os bodes, à sua esquerda. Jesus falou aos que estavam à sua direita: "Venham, benditos de meu Pai! Recebam como herança o Reino... Pois tive fome, e vocês me deram de comer; tive sede, e vocês me deram de beber; fui estrangeiro, e vocês me acolheram; necessitei de roupas, e vocês me vestiram; estive preso, e vocês me visitaram. Estes ficaram surpresos e perguntaram-lhe quando eles o tinham ajudado. O Filho do homem respondeu: "O que vocês fizeram a alguns dos meus menores irmãos, a mim o fizeram." Mas, aos que estavam à sua esquerda, Jesus disse que se apartassem, porque ao fracassarem em ajudar aqueles em necessidade, eles fracassaram em ajudá-lo. Esse grupo foi enviado para a punição eterna, enquanto o grupo dos justos foi para a vida eterna.

Marcos 13; Mateus 25:14-46

38
A ÚLTIMA CEIA

Na véspera do dia de sua morte, Jesus comeu com os discípulos no andar superior de uma casa em Jerusalém. Durante a refeição, abençoou e repartiu o pão, distribuiu-o aos discípulos e disse: "Isto é o meu corpo dado em favor de vocês; façam isto em memória de mim."

Depois, Jesus compartilhou com eles um cálice de vinho, dizendo: "Este cálice é a nova aliança no meu sangue, derramado em favor de vocês. Sempre que o beberem, façam isto em memória de mim."

Em seguida, advertiu Pedro de que ele seria submetido a uma provação. Em resposta, Pedro exclamou: "Senhor, estou pronto para ir contigo para a prisão e para a morte!" Jesus respondeu: "Antes que o galo cante hoje, três vezes você negará que me conhece."

Durante a refeição, Jesus lavou os pés dos discípulos, usualmente a obrigação de um escravo. Disse-lhes que, se ele, seu Mestre e Senhor, estava preparado para servi-los, eles deveriam estar preparados para servir uns aos outros da mesma maneira. Então, com grande tristeza, revelou que um de seus discípulos o trairia. Mais tarde, Judas deixou a ceia para esse exato propósito, sem que os outros discípulos percebessem qual era a intenção dele.

Depois que Judas partiu, Jesus falou claramente com os onze discípulos, preparando-os para o que estava por vir. Em discursos anteriores, ele havia chamado a si próprio de o pão da vida, a luz do mundo, o bom pastor e a ressurreição e a vida. Dessa vez lhes disse que ele era o caminho, a verdade e a vida e que o caminho para Deus, o Pai, passava por ele. Jesus também descreveu a si mesmo como a vinha verdadeira. Somente os ramos que permanecem unidos a ela podem produzir fruto. Ao ordenar que os discípulos amassem uns aos outros como ele os amava, Jesus disse que a maior expressão de amor era entregar a própria vida pelos amigos. Ele os preveniu de que esperassem ódio e perseguição, mas lhes prometeu a dádiva do Espírito Santo, que os capacitaria a lembrar-se do que lhes fora ensinado e os guiaria a descobrir mais sobre a verdade. Finalmente, Jesus orou por aqueles a quem Deus havia chamado do mundo para unir-se a ele. Pediu que os discípulos compartilhassem sua alegria e sua glória e fossem um com ele.

Lucas 22:1-20; 1 Coríntios 11:24-25; João 13-17

39

O JARDIM DO GETSÊMANI

Após deixar o cenáculo, Jesus levou os discípulos para o monte das Oliveiras, fora de Jerusalém. Quando chegaram ao local chamado Getsêmani, levando consigo Pedro, Tiago e João, Jesus se afastou dos demais discípulos para orar. Em grande angústia, disse aos três que o acompanhavam: "A minha alma está profundamente triste... Fiquem aqui e vigiem." Indo um pouco mais adiante, Jesus se prostrou e orou para que pudesse ser poupado do que estava por vir. Sua oração foi: "Pai, tudo te é possível. Afasta de mim este cálice; contudo, não seja o que eu quero, mas sim o que tu queres."

Ao voltar para junto de seus três amigos, ele os encorajou a ficar acordados e a orar para que não caíssem em tentação. Não obstante, eles pegaram no sono pela segunda vez. Quando Jesus se levantou pela terceira vez, a multidão armada, enviada pelas autoridades judaicas e conduzidas por Judas, chegou.

Judas tinha dito àqueles que estavam com ele que prendessem o homem que ele beijasse e o levassem em segurança. Ao ir até Jesus, Judas disse: "Mestre!", e o beijou. Aqueles que estavam com Judas capturaram Jesus e houve uma breve luta durante a qual um dos servos do sumo sacerdote perdeu uma orelha. Jesus o curou e perguntou aos demais: "Estou eu chefiando alguma rebelião para que vocês venham me prender com espadas e varas? Todos os dias eu estive com vocês, ensinando no templo, e vocês não me prenderam. Mas as Escrituras precisam ser cumpridas." Depois disso, todos os discípulos o abandonaram e fugiram.

Uma vez preso, Jesus foi levado à casa do sumo sacerdote, Caifás. Pedro o seguiu a distância e se juntou a um grupo sentado ao lado de uma fogueira no pátio da casa. Uma criada olhou bem para Pedro e disse: "Você também estava com Jesus." Pedro respondeu: "Não o conheço." À medida que a noite terminava, dois homens também acusaram Pedro de ser um dos seguidores de Jesus. Um deles disse que o sotaque do discípulo denunciava que ele vinha da Galileia. Mas Pedro continuou a negar veementemente. Logo após a terceira negação, o galo cantou. Jesus se virou e olhou para Pedro. Este, lembrando-se da predição de Jesus e de sua promessa na noite anterior, saiu dali e chorou amargamente.

Marcos 14:26-50; Lucas 22:51-62

40

OS JULGAMENTOS DE JESUS

Durante a noite, os guardas insultaram e atormentaram Jesus. Eles o vendaram e bateram nele, zombando assim: "Profetize! Quem foi que lhe bateu?"

Quando amanheceu, Jesus foi levado perante o conselho presidido pelos líderes religiosos judeus, composto dos chefes dos sacerdotes, dos anciãos e dos mestres da lei. Os membros do Sinédrio disseram: "Se você é o Cristo, diga-nos." "Você é o filho de Deus?"

A resposta de Jesus – "Vós estais dizendo que eu sou" – foi considerada evidência suficiente para sua condenação por blasfêmia. Ele foi levado perante Pôncio Pilatos, o governador romano, e acusado de afirmar ser o Rei dos judeus e de subverter o governo romano.

Depois de interrogar Jesus, Pilatos concluiu que ele não tinha feito nada de errado e estava inclinado a libertá-lo. No entanto, quando descobriu que Jesus veio da Galileia, enviou-o para ser julgado pelo governador daquela província, Herodes, filho de Herodes, o Grande, que por acaso estava em Jerusalém. Herodes tinha ouvido falar bastante sobre Jesus e havia muito tempo desejava se encontrar com ele. Por um bom tempo, Herodes o interrogou. Jesus, porém, recusou-se a responder. Herodes, então, enviou-o de volta a Pilatos envolto em um manto esplêndido. Nesse mesmo dia, acabou a inimizade que havia entre os dois governantes.

Pilatos ainda acreditava que Jesus estivesse sendo falsamente acusado e sua esposa lhe enviou uma mensagem corroborando sua crença. Então, Pilatos decidiu valer-se de um costume segundo o qual um prisioneiro escolhido pelo povo era posto em liberdade durante a Páscoa. Como havia outro prisioneiro bastante conhecido, cujo nome era Barrabás, Pilatos perguntou à multidão ali reunida: "Qual desses vocês querem que eu solte: Barrabás ou Jesus, chamado Cristo?"

Os chefes dos sacerdotes e anciãos haviam instruído a multidão e a resposta foi "Barrabás!". Pilatos perguntou: "Que farei então com Jesus, chamado Cristo?" A resposta veio repetidamente e com ênfase crescente: "Crucifica-o!"

Quando Pilatos viu que seus esforços para salvar Jesus eram infrutíferos e que havia o perigo de aquela manifestação popular se transformar em uma revolta, pegou água, lavou as mãos e disse: "Estou inocente do sangue deste homem." Em seguida, Pilatos libertou Barrabás e mandou açoitar Jesus. Depois o entregou para ser crucificado. Os soldados zombaram de Jesus, despiram-no e vestiram-no com um manto vermelho. Colocaram uma vara em sua mão e uma coroa de espinhos em sua cabeça. Eles escarneceram de Jesus. Cuspiram e bateram nele. Voltaram a vesti-lo com as próprias roupas e o levaram embora.

Lucas 22:63-23:12; Mateus 27:15-31

41

A CRUCIFICAÇÃO

Como Jesus estava fraco demais para carregar sua cruz até o lugar de execução, os soldados forçaram um homem chamado Simão, de Cirene, cidade do norte da África, a carregá-la para ele a partir de certo trecho do caminho. Entre a multidão que os seguia, estavam muitas mulheres. Elas choravam por Jesus. Ele lhes disse que chorassem por si próprias e por seus filhos, porque tempos terríveis estavam por vir.

Quando chegaram ao lugar chamado Caveira, os soldados crucificaram Jesus e dois criminosos, um posto à direita dele e o outro, à sua esquerda. Jesus disse: "Pai, perdoa-lhes, pois não sabem o que estão fazendo." Acima de sua cabeça havia esta inscrição: "Este é o Rei dos judeus."

Os soldados dividiram as roupas de Jesus, tirando sortes e, com a multidão, que incluía os líderes judaicos, ridicularizaram-no, dizendo: "Salvou os outros... salve-se a si mesmo, se é o Cristo de Deus, o Escolhido."

Até mesmo um dos criminosos crucificado com Jesus repetiu o insulto. Porém o outro o repreendeu: "Estamos recebendo o que os nossos atos merecem. Mas este homem não cometeu nenhum mal." Então, ele pediu a Jesus: "Lembra-te de mim quando entrares no teu Reino." E Jesus lhe respondeu: "Hoje você estará comigo no paraíso."

Do meio-dia às três da tarde, as trevas cobriram toda a terra.

Então Jesus bradou: "Meu Deus! Meu Deus! Por que me abandonaste?" Alguns dos presentes acharam que ele estivesse chamando Elias. Um deles lhe ofereceu vinagre em uma esponja na ponta de uma vara, e disse: "Deixem-no. Vejamos se Elias vem tirá-lo daí." Então Jesus deu outro brado e morreu. Naquele exato momento, o véu que separava o Lugar Santíssimo do restante do prédio do templo se rasgou ao meio. Quando viu como Jesus havia morrido, o oficial romano que supervisionara a execução exclamou: "Realmente este homem era o Filho de Deus!"

Era uma sexta-feira, véspera do sábado, e os judeus esperavam que os corpos não permanecessem nas cruzes quando o sábado começasse. Pilatos, então, concordou que as pernas dos homens condenados fossem quebradas para apressar sua morte. Isso foi feito a dois criminosos, mas, quando os soldados foram até Jesus, descobriram que ele já estava morto. Então não quebraram as pernas de Jesus, mas um deles perfurou um lado de seu corpo com uma lança, provocando um fluxo de sangue e água.

Lucas 23:26-43; Marcos 15:33-39; João 19:31-37

42

JESUS RESSUSCITA DOS MORTOS

Ao entardecer daquela sexta-feira, José de Arimateia, membro do Sinédrio e seguidor de Jesus, pediu a Pilatos para ficar com o corpo do Mestre. Logo que Pilatos lhe deu permissão, o corpo de Jesus foi retirado da cruz e envolto em um lençol de linho. Em seguida, foi colocado em um sepulcro escavado na rocha, que José havia preparado para ele próprio, e uma grande pedra foi posta na entrada. Algumas mulheres que testemunharam a crucificação prepararam o túmulo.

No dia seguinte, os líderes judeus pediram a Pilatos que os deixassem proteger o sepulcro com uma guarda. Tinham receio de que os discípulos de Jesus fossem até lá roubar o corpo e depois alegassem falsamente que o Mestre havia ressuscitado de entre os mortos. Pilatos concordou com o pedido daqueles líderes, de modo que o sepulcro foi lacrado e guardado.

Ao amanhecer do domingo, Maria Madalena e outra Maria, duas das mulheres que haviam preparado o sepulcro, foram visitá-lo. De repente, houve um terremoto violento. Um anjo desceu dos céus, rolou a pedra da entrada do sepulcro, assentou-se sobre ela e disse às mulheres: "Não tenham medo! [...] Vão depressa e digam aos discípulos dele! Ele ressuscitou dentre os mortos e está indo adiante de vocês para a Galileia."

Com admiração e alegria, aquelas mulheres saíram apressadas e depararam com Jesus. Elas se ajoelharam perante ele.

Jesus lhes disse que dessem continuidade à missão delas e entregassem a mensagem que o anjo lhes confiara. Enquanto isso, os guardas do sepulcro, que haviam sido tomados pelo medo quando o anjo apareceu, retornaram aos líderes judeus e lhes disseram o que havia acontecido. Esses líderes subornaram os guardas para que dissessem que os discípulos foram ao sepulcro durante a noite e furtaram o corpo de Jesus. Essa versão foi amplamente divulgada.

Mais tarde, naquele mesmo dia, dois seguidores de Jesus estavam andando abatidos em direção ao povoado de Emaús, distante onze quilômetros de Jerusalém. Jesus se aproximou deles no caminho, mas eles não o reconheceram. Jesus indagou deles o motivo de sua tristeza e eles lhe contaram tudo o que tinha acontecido recentemente em Jerusalém. Em resposta, Jesus usou as Escrituras para explicar-lhes que era necessário que o Messias sofresse antes de ser glorificado. Quando os viajantes chegaram a casa, convidaram-no a que entrasse. Ao abençoar e partir o pão, Jesus foi reconhecido por eles. Depois, desapareceu e eles partiram imediatamente para Jerusalém, a fim de contar aos outros discípulos o que haviam visto e ouvido.

Mateus 27:37-28:15; Lucas 24:13-33

43

OUTRAS APARIÇÕES
APÓS A RESSURREIÇÃO

Quando os dois discípulos da cidade de Emaús chegaram a Jerusalém, compartilharam suas experiências com os outros discípulos e estes lhes contaram que Pedro também tinha visto Jesus. Enquanto andavam, Jesus apareceu, saudando-os com as palavras "paz seja com vocês!" A princípio, eles ficaram com medo, pensando que estivessem vendo um espírito, mas Jesus disse: "Por que vocês estão perturbados e por que se levantam dúvidas no coração de vocês? Vejam as minhas mãos e os meus pés. Sou eu mesmo! Toquem-me e vejam; um espírito não tem carne nem ossos, como vocês estão vendo que eu tenho." Em seguida, também os convenceu a comer um pedaço de peixe.

Jesus lhes explicou outra vez como as Escrituras haviam predito seus sofrimentos e sua ressurreição e enfatizou que o arrependimento e o perdão dos pecados deveriam ser pregados em seu nome por todo o mundo. Depois os levou a Betânia, abençoou-os e partiu. Cheios de alegria, os discípulos voltaram para Jerusalém, onde louvaram a Deus todos os dias no templo.

Um dos apóstolos, Tomé (chamado Dídimo, gêmeo), não estava com os discípulos naquele dia e se recusou a acreditar na ressurreição de Jesus sem a prova física. Uma semana mais tarde, o Mestre apareceu aos discípulos mais uma vez e convidou Tomé a tocar as feridas em suas mãos e no seu lado. Tomé exclamou:

"Senhor meu e Deus meu!" Jesus lhe disse: "Porque você viu, você creu? Bem-aventurados os que não viram e creram."

Algum tempo depois, um grupo de discípulos liderado por Pedro voltou para a Galileia e passou uma noite inteira sem pescar nada. Ao amanhecer, Jesus, em pé na praia, pediu que eles lançassem novamente a rede ao mar. Quando fizeram isso, a pesca foi tão grande, que não conseguiram recolher a rede para o barco. Percebendo que era Jesus quem falava com eles, Pedro se lançou ao mar para ir até o Mestre enquanto os outros levavam o barco para a praia.

Como café da manhã, os discípulos comeram o alimento que Jesus havia preparado. Depois, ele levou Pedro para um lugar à parte e perguntou-lhe três vezes: "Você me ama?" Três vezes Pedro respondeu que sim e três vezes Jesus lhe disse: "Cuide das minhas ovelhas." Em seguida, Jesus lhe prometeu uma morte de mártir.

Jesus fez muitas coisas mais que não foram registradas. Mas essas histórias foram contadas para que você creia que Jesus é o Filho de Deus e para que, por sua fé nele, você obtenha a vida eterna.

Lucas 24:33-53; João 20:24-21:29

44
A ASCENSÃO, O PENTECOSTES E A IGREJA PRIMITIVA

O Jesus ressurreto apareceu a seus amigos durante quarenta dias. Um encontro final ocorreu no monte das Oliveiras, próximo a Jerusalém. Ali, depois de lhes prometer a dádiva do Espírito Santo e de comissioná-los a testemunhar sobre ele até nos confins da terra, ele ascendeu aos céus.

Durante a festa judaica do Pentecostes, ocorrida logo em seguida, o Espírito Santo desceu sobre os discípulos como um vento impetuoso e línguas de fogo, inspirando-os a falar em outras línguas. Pessoas de todo o mundo mediterrâneo que estavam em Jerusalém durante a festividade ficaram abismadas quando os ouviram se expressar no idioma delas. Pedro disse à multidão que o profeta Joel havia predito aquele derramamento do Espírito Santo e que Jesus, a quem os judeus haviam crucificado, tinha ressuscitado dos mortos como Senhor e Cristo.

Muitos ouvintes de Pedro se juntaram à nova Igreja, que cresceu a ponto de ficar forte, com milhares de pessoas. Os cristãos compartilhavam entre si seus bens e adoravam a Deus tanto no templo como em suas próprias casas. Eles logo atraíram a atenção das autoridades, mas os líderes continuavam falando a todos sobre Jesus. As advertências das autoridades deram lugar a ameaças e açoitamentos. No entanto, a Igreja continuou a crescer.

A Igreja escolheu sete oficiais chamados diáconos para cuidar dos membros mais pobres. A pregação de um deles, Estêvão, suscitou nos judeus amarga hostilidade e ele foi levado às autoridades judaicas. Ao responder às acusações levantadas contra si, Estevão mostrou como Jesus se encaixava na história sagrada dos judeus e os acusou de rejeitar constantemente aqueles que haviam sido enviados por Deus. Quando Estêvão alegou ver Jesus de pé ao lado direito de Deus, foi apedrejado até a morte.

Um jovem chamado Saulo, fariseu devoto da cidade de Tarso, na Ásia Menor, juntou-se com entusiasmo ao grupo de perseguidores dos cristãos. Ele foi enviado a Damasco com cartas que o autorizavam a prender todo cristão que encontrasse ali. Ao longo de sua viagem, uma luz vinda do céu brilhou a seu redor e ele caiu por terra. Uma voz disse: "Saulo, Saulo, por que você me persegue?" Saulo perguntou: "Quem és tu, Senhor?" A voz respondeu: "Eu sou Jesus... Entre na cidade; alguém lhe dirá o que você deve fazer."

Quando a visão cessou, Saulo descobriu que estava cego. Seus companheiros o levaram até Damasco. Lá, um cristão chamado Ananias foi comissionado, por meio de uma visão, a visitar Saulo. Ananias fez isso. Deus curou Saulo de sua cegueira e derramou sobre ele o Espírito Santo. Saulo foi batizado e imediatamente começou a ensinar que Jesus era o Filho de Deus.

Atos 1:1-9:22

45

A IGREJA CRISTÃ CRESCE
E SE DESENVOLVE

Nos anos seguintes, congregações cristãs foram estabelecidas por todo o Mediterrâneo oriental. A questão sobre se os gentios (não judeus) poderiam se tornar cristãos sem se tornar judeus também logo começou a pegar fogo.

Em viagem missionária, Pedro visitou algumas das novas congregações e chegou a Jope. Lá, teve uma visão: um lençol descia do céu com criaturas de todas as espécies, incluindo aquelas que os judeus estavam proibidos de comer. Uma voz lhe ordenou: "Levante-se, Pedro; mate e coma." Pedro se recusou, dizendo que jamais comera algo impuro. A resposta veio: "Não chame impuro ao que Deus purificou."

Enquanto Pedro refletia sobre o significado da visão, um mensageiro o chamou para ir a Cesareia, onde um centurião romano devoto chamado Cornélio pediu a Pedro que lhe falasse sobre sua fé. Enquanto Pedro falava, o Espírito Santo desceu sobre os ouvintes, todos gentios, e Pedro não hesitou em batizá-los.

Enquanto isso, Saulo, agora conhecido em quase toda parte por seu nome romano, Paulo, estabeleceu-se na cidade de Antioquia, na Cilícia, e, a partir de lá, ocupou-se com viagens missionárias a terras vizinhas. Sua prática-padrão era pregar primeiramente na sinagoga local – para os judeus e para o povo que não era judeu, mas que frequentava o culto judaico. Então, se seu ministério fosse rejeitado, ele saía da sinagoga e pregava somente aos gentios. Paulo foi bastante atormentado por aqueles judeus que falhou em converter. Teve de fugir de um lugar para outro e, em certa ocasião, foi apedrejado e dado como morto. Nesse meio-tempo, a perseguição aos cristãos continuava em outro lugar. Herodes decapitou Tiago, irmão de João, e aprisionou Pedro, que foi preservado somente devido à fuga milagrosa da prisão.

A admissão de gentios na Igreja continuou a ser um tópico controverso. Por isso, um concílio foi convocado em Jerusalém para decidir a política que deveria ser adotada. A conclusão foi que não era necessário para os cristãos de origem gentílica guardar a Lei judaica, exceto em seus aspectos morais. Essa decisão abriu caminho para que a Igreja se espalhasse mais rapidamente ainda.

Em outra viagem missionária, Paulo cruzou o continente europeu e evangelizou na Grécia. Em Filipos, na Macedônia, ele e seu companheiro de pregação foram açoitados e aprisionados após Paulo ter libertado uma escrava possessa. Paulo e Silas recusaram a oportunidade de escapar da cadeia após um terremoto e impressionaram de tal forma o carcereiro que ele e toda a sua família se converteram e foram batizados.

Atos 9:31-16:40

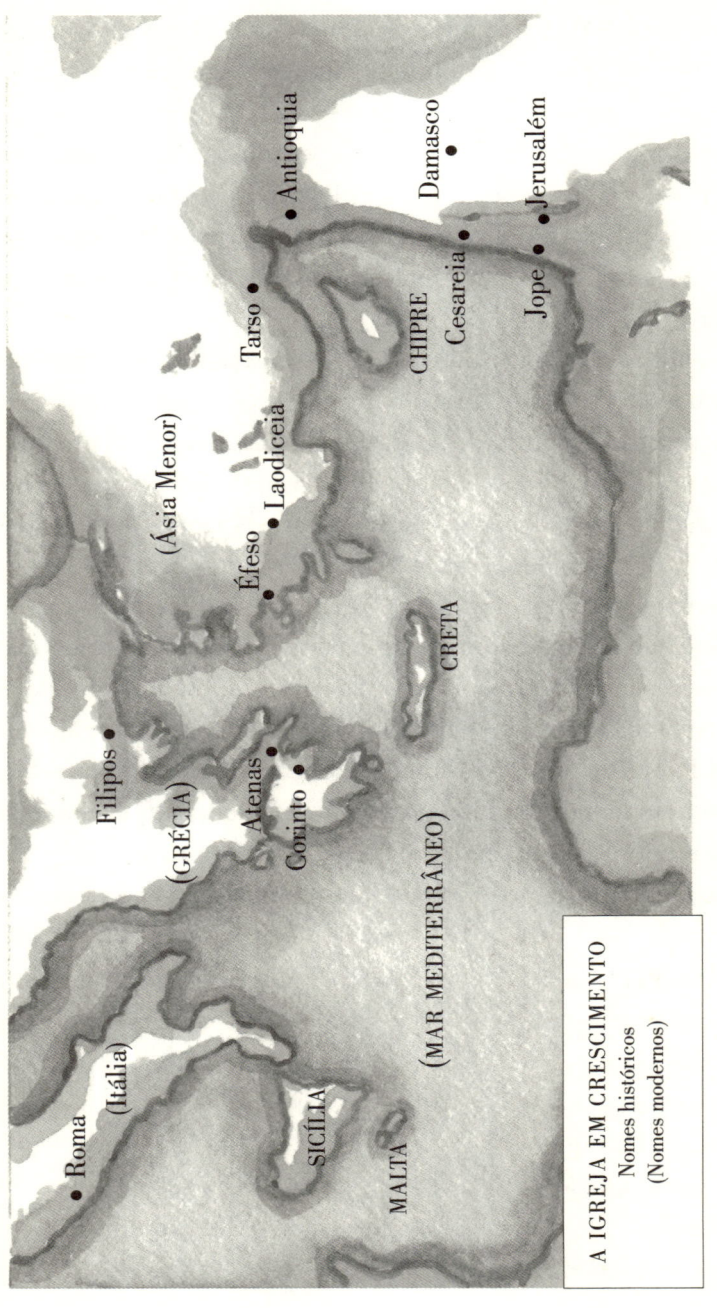

46
MAIS EXPANSÃO:
AS VIAGENS DE PAULO

Paulo viajou por toda a Grécia, ganhando novos convertidos e atraindo oposição por onde passava. Em Atenas, foi recebido com vigorosa curiosidade, mas obteve pouco sucesso em sua pregação. Em Corinto, os judeus locais o levaram a Gálio, o governador romano, que se recusou a intervir naquilo que considerava uma disputa interna da comunidade judaica.

Mais tarde, Paulo foi a Éfeso, na Ásia Menor. Seu bem-sucedido ministério enfureceu os artesãos locais, cujo sustento provinha de sua arte de fazer estátuas da deusa da cidade, Ártemis (ou Diana). Uma revolta séria irrompeu. Paulo queria falar com os revoltosos, porém, temendo pela segurança do missionário, os cristãos dali não permitiram. Coube ao oficial local acalmar a multidão e restaurar a ordem.

No devido tempo, Paulo decidiu retornar a Jerusalém, embora soubesse que estava se colocando em grave perigo. No caminho, para se despedir, passou por igrejas que havia estabelecido anteriormente. Em Jerusalém, visitou Tiago, o irmão de Jesus e cabeça da igreja ali, e foi convocado a provar que ainda se considerava um judeu ao submeter-se a um ritual de purificação no templo. Enquanto fazia isso, Paulo foi reconhecido e acusado de profanar a fé judaica e o próprio templo. Foi resgatado da fúria da multidão por um destacamento da guarda romana e também se livrou de uma trama para matá-lo, sendo, então, conduzido a Cesareia. Nessa cidade, foi levado perante dois governadores romanos. O segundo pediu que Paulo voltasse para Jerusalém e fosse julgado por um tribunal judaico. Se Paulo tivesse concordado, sua morte seria certa. Mas ele tirou vantagem do fato de ter cidadania romana e apelou para o imperador. Isso significava que ele teria de viajar como prisioneiro para Roma.

O navio no qual Paulo e outros embarcaram para Roma foi pego por uma tempestade e naufragou na costa de Malta. Graças à liderança de Paulo, a tripulação e todos os passageiros chegaram com segurança à terra firme. Foi somente após alguns meses que Paulo partiu de navio outra vez e chegou a Roma. Ali, foi saudado calorosamente pelos cristãos e aprisionado em circunstâncias confortáveis para esperar seu julgamento. De novo, a maioria dos judeus locais rejeitou a mensagem e, outra vez, Paulo se voltou para os gentios, ensinando-os sem impedimentos.

Atos 17-28

47

A IGREJA JOVEM: DOUTRINA

As cartas escritas a congregações e a indivíduos pelos primeiros líderes cristãos direcionaram o povo a Cristo. Paulo ensinou que, desde os dias de Adão, a humanidade tem sido inerentemente pecaminosa. Deus concedeu ao povo escolhido, os judeus, a Lei como guia de comportamento e para que a iniquidade se tornasse clara. Porém enfatizou que um relacionamento justo com Deus não depende de alguém tentar guardar a Lei, mas de sua fé na morte salvadora de Jesus Cristo [em nosso lugar].

Jesus subsistia na forma de Deus, mas, por nossa causa, não fez uso de seus atributos divinos ao tornar-se um humilde ser humano. Ele teve uma vida de obediência à vontade divina a ponto de morrer na cruz. Depois, ressuscitou, foi exaltado e, desde então, reina no céu como Senhor. Por meio do amor abnegado de Jesus, a reconciliação da humanidade com Deus se tornou possível. Todos aqueles que têm fé em Cristo e são batizados em seu nome recebem o Espírito Santo e passam a desfrutar uma nova vida, ligada à vida de Cristo e dependente dela. Os cristãos ainda precisam lutar com sua velha natureza pecaminosa. Mas podem ficar confiantes de que, pelo poder do Espírito Santo, irão gradualmente se transformar em novas pessoas, como Deus assim o deseja. Depois da morte virá a ressurreição, quando o nosso corpo humano e perecível dará lugar a um corpo imperecível e imortal.

O Espírito Santo concede dons individuais aos cristãos. Como resultado, eles são capazes de ensinar, administrar, curar e falar em línguas. Cada um é capacitado a fazer sua parte na Igreja, que é o Corpo espiritual de Cristo, que dá continuidade à sua obra na terra. O Espírito também gera fruto na vida de cada pessoa cristã. Ele produz virtudes como o amor, a alegria, a paz, a paciência, a amabilidade, a bondade, a fidelidade, a mansidão e o domínio próprio.

O maior de todos os dons é o amor. O amor é paciente e gentil; não tem inveja de ninguém e também não se vangloria nem é orgulhoso; nunca é rude, egoísta nem se ira facilmente. O amor não guarda rancor nem se alegra com os fracassos dos outros. A alegria do amor está na verdade; não há limites para a fé, a esperança e a perseverança.

A Carta aos Hebreus revela a importância de Jesus de outra maneira: explica as alegorias usadas no sistema de sacrifícios judaicos. Jesus é o grande Sumo Sacerdote que entrou no Lugar Santíssimo para oferecer o sacrifício perfeito: ele próprio. Os sacrifícios antigos não podiam tirar o pecado e precisavam de repetição constante, mas o sacrifício de Cristo tirou o pecado de uma vez por todas.

Romanos; 1 Coríntios; Gálatas; Filipenses; Hebreus

48

A IGREJA JOVEM: DIFICULDADES

À medida que o cristianismo se espalhava e que os não judeus se juntavam em grande número à Igreja, muitos problemas surgiram. Paulo enumerou alguns deles em suas cartas.

Em Corinto, a Igreja havia se dividido em partidos, cada um reivindicando um cristão proeminente como líder. Paulo chamou a atenção deles para o fato de que a Igreja tinha apenas um líder verdadeiro, Cristo, e que a unidade nele era essencial. Também era fundamental o respeito mútuo entre os cristãos. Todos têm dons, porém nenhum dom é mais importante que outro. Todos os dons são essenciais ao desenvolvimento da Igreja, o Corpo de Cristo.

De vez em quando, surgiam dúvidas sobre finanças. Embora Paulo se sustentasse, ensinou que os apóstolos tinham direito de receber ajuda das igrejas às quais serviam. Ele também acreditava que as igrejas locais devessem olhar para além de si próprias, ou seja, para as necessidades de outras. Paulo organizou uma coleta a favor da Igreja em Jerusalém, que passava por momentos difíceis, e encorajou a Igreja estabelecida em outros lugares a contribuir também.

Paulo acreditava que a comunidade cristã deveria resolver as discórdias entre seus membros sem recorrer aos tribunais seculares. Aqueles que fossem culpados de imoralidade sexual deveriam ser disciplinados. Embora o celibato fosse admirável, não é algo para todos. O casamento, por meio do qual um homem e uma mulher se tornam uma só carne, é a única maneira correta de expressar fisicamente nossa sexualidade. O casamento deve ser para sempre. Somente quando um cônjuge não crente não concordasse em viver junto a separação poderia ocorrer.

Foi difícil para os cristãos decidirem até onde deveriam ir para se separar das práticas de seus vizinhos pagãos, uma vez que tais práticas invadiam a vida cotidiana. O conselho de Paulo foi de que não havia nada intrinsecamente errado em, por exemplo, comer um alimento que houvesse sido oferecido a um ídolo. Contudo, a prioridade é não fazer nada que possa ofender os cristãos que pensam de forma diferente.

As refeições desfrutadas pela Igreja em Corinto – servidas nas casas dos cristãos, onde inicialmente eles se reuniam para adoração – haviam se degenerado, pois a comida que as famílias levavam não era compartilhada e os pobres eram deixados com fome. Paulo ensinou que a ceia do Senhor deveria ser uma refeição comunitária e que a adoração deveria ser estimulada pelas palavras ditas por Jesus em sua última ceia com os discípulos. No culto a Deus, o ato de falar em línguas não deveria sobrepujar outras práticas. A liturgia do culto deveria incluir a oração, a profecia e o cântico de hinos, com a liderança sendo compartilhada de forma ampla pelos homens presentes.

1 e 2 Coríntios

49
A IGREJA JOVEM:
VIDA DIÁRIA

As cartas escritas por Paulo e por outros discípulos de Jesus contêm inúmeros conselhos práticos sobre como os cristãos, vivendo em um mundo que é, muitas vezes, incompreensível e hostil, devem se conduzir na vida diária. Os cristãos devem, por exemplo, abster-se de palavras tolas e danosas, da bebedeira e da libertinagem, da conversa vulgar e das controvérsias, da inveja e da rivalidade, da ira e da ambição egoísta, da avareza e da retaliação pelo mal que lhes for feito e das relações sexuais fora do casamento. Precisam ser pacientes quando perseguidos. Os ricos devem se lembrar de que as riquezas são perecíveis, arrepender-se do mau uso de seus bens e ser generosos ao fazer o bem. Também é recomendável que povoem a mente de pensamentos verdadeiros, nobres, justos, puros, amorosos, louváveis, excelentes e admiráveis.

Paulo escreveu que os cristãos devem considerar todos os outros cristãos – independentemente de sua posição ou origem – um irmão ou irmã, com os mesmos direitos no que tange ao respeito, ao amor e aos cuidados nas horas de necessidade. Precisam ser tolerantes quanto às diferenças de opinião sobre a prática religiosa, bem como ser cidadãos pacíficos que oram por seus governantes e são obedientes às autoridades. Os homens devem amar sua esposa da mesma maneira como Cristo ama sua Igreja e tratar seus filhos e servos com justiça e bondade.

As esposas devem ser submissas ao marido e sóbrias na aparência e no comportamento. As crianças devem ser obedientes aos pais; os empregados devem se submeter aos patrões e ser diligentes. A hospitalidade generosa é uma obrigação de todo cristão.

Paulo ilustrou a prática da vida cristã em uma carta ao seu irmão em Cristo Filemom. Um dos escravos de Filemom, Onésimo, que havia fugido, conheceu Paulo e se tornou um cristão. Paulo o enviou de volta ao amigo, pedindo que ele perdoasse as ofensas de Onésimo e que o recebesse como a um irmão.

Acima de tudo, a vida cristã precisa ser permeada pelo amor. Os cristãos têm de amar uns aos outros porque Deus é amor e demonstrou o seu amor por nós ao nos enviar seu Filho como sacrifício por nossos pecados, a fim de nos dar a vida eterna. Os cristãos sabem que estão em Cristo e que Cristo vive neles, porque lhes deu o Espírito Santo. O dom e o selo do Espírito são o amor. Todo aquele que vive em amor vive em Deus e Deus vive nele. O amor dissipa o medo do julgamento. Todo aquele que alega amar a Deus, mas odeia um irmão em Cristo, está enganando a si mesmo. Cada pessoa que ama a Deus deve amar o seu irmão em Cristo também.

Romanos; Efésios; Filipenses; 1 Timóteo; Tiago; 1 Pedro; Filemom; 1 João

50

APOCALIPSE

Um cristão chamado João, exilado na ilha de Patmos, no Mediterrâneo, escreveu sobre uma série de visões que teve. Ele viu o Jesus ressurreto, que lhe confiou mensagens dirigidas a sete igrejas na Ásia Menor. As mensagens confortavam essas igrejas em sua aflição e as elogiava por suas virtudes, mas também lhes faziam duras críticas em áreas nas quais elas haviam falhado. A Igreja em Laodiceia, por exemplo, foi criticada por ser morna em sua devoção e satisfeita com sua prosperidade. A mensagem continuou: "Eis que estou à porta e bato. Se alguém ouvir a minha voz e abrir a porta, entrarei e cearei com ele, e ele comigo."

As visões de João se voltaram, então, para o trono celestial no qual Deus, o Pai, estava entronizado em glória e honra, rodeado por criaturas humanas e celestiais entoando hinos de louvor intermináveis. Junto ao Pai, estava o Cordeiro (isto é, Jesus), de pé. Ele, ao abrir o livro em forma de rolo, liberou desastres terríveis sobre a terra. Somente os verdadeiros servos de Deus ficaram isentos, recebendo honra especial os que morreram como mártires.

Outras visões de julgamento se seguiram, culminando em uma profecia segundo a qual Roma, a grande Babilônia da época, seria completamente destruída. Tudo isso fazia parte de um conflito cósmico entre as forças do bem e as do mal, que terminou com o diabo sendo derrotado e lançado no lago de fogo eterno. Toda a humanidade foi julgada e aqueles cujos nomes não foram encontrados no livro da vida foram lançados no lago de fogo também.

Depois disso, novos céus e nova terra surgiram. A Cidade Santa, a nova Jerusalém, desceu dos céus. Não era necessário um templo porque Deus estava presente ali de forma plena. Também não havia necessidade de Sol nem de Lua, por causa da luz divina que iluminava tudo. Ao longo da cidade, fluía o rio da água da vida. E, dentro dela, os servos de Deus viam o Cordeiro face a face para sempre.

As visões terminaram com Jesus dizendo: "Quem tiver sede, venha; e quem quiser, beba de graça da água da vida... Sim, venho em breve!" João, em resposta, disse: "Amém! Vem, Senhor Jesus!"

Apocalipse

CONHEÇA OS CLÁSSICOS DA EDITORA SEXTANTE

1.000 lugares para conhecer antes de morrer, de Patricia Schultz

A História – A Bíblia contada como uma só história do começo ao fim, de The Zondervan Corporation

A última grande lição, de Mitch Albom

Conversando com os espíritos e *Espíritos entre nós*, de James Van Praagh

Desvendando os segredos da linguagem corporal e *Por que os homens fazem sexo e as mulheres fazem amor?*, de Allan e Barbara Pease

Enquanto o amor não vem, de Iyanla Vanzant

Faça o que tem de ser feito, de Bob Nelson

Fora de série – Outliers, de Malcolm Gladwell

Jesus, o maior psicólogo que já existiu, de Mark W. Baker

Mantenha o seu cérebro vivo, de Laurence Katz e Manning Rubin

Mil dias em Veneza, de Marlena de Blasi

Muitas vidas, muitos mestres, de Brian Weiss

Não tenha medo de ser chefe, de Bruce Tulgan

Nunca desista de seus sonhos e *Pais brilhantes, professores fascinantes*, de Augusto Cury

O monge e o executivo, de James C. Hunter

O poder do Agora, de Eckhart Tolle

O que toda mulher inteligente deve saber, de Steven Carter e Julia Sokol

Os segredos da mente milionária, de T. Harv Eker

Por que os homens amam as mulheres poderosas?, de Sherry Argov

Salomão, o homem mais rico que já existiu, de Steven K. Scott

Transformando suor em ouro, de Bernardinho

INFORMAÇÕES SOBRE OS PRÓXIMOS LANÇAMENTOS

Para saber mais sobre os títulos e autores
da EDITORA SEXTANTE,
visite o site www.sextante.com.br,
curta a página facebook.com/editora.sextante
e siga @sextante no Twitter.
Além de informações sobre os próximos lançamentos,
você terá acesso a conteúdos exclusivos e poderá participar
de promoções e sorteios.

Se quiser receber informações por e-mail,
basta cadastrar-se diretamente no nosso site
ou enviar uma mensagem para
atendimento@esextante.com.br

 www.sextante.com.br

 facebook.com/editora.sextante

 twitter: @sextante

Editora Sextante
Rua Voluntários da Pátria, 45 / 1.404 – Botafogo
Rio de Janeiro – RJ – 22270-000 – Brasil
Telefone: (21) 2538-4100 – Fax: (21) 2286-9244
E-mail: atendimento@esextante.com.br